# 漫画儿童 自主学习力

闻道清北◎编著

中国華僑出版社
· 北京 ·

**图书在版编目（CIP）数据**

漫画儿童自主学习力 / 闻道清北编著 . -- 北京 : 中国华侨出版社 , 2023.11（2024.3 重印）

ISBN 978-7-5113-9064-6

Ⅰ . ①漫… Ⅱ . ①闻… Ⅲ . ①儿童教育－学习方法 Ⅳ . ① G612

中国国家版本馆 CIP 数据核字 (2023) 第 179755 号

**漫画儿童自主学习力**

编　　著：闻道清北
责任编辑：桑梦娟
封面设计：木余设计
经　　销：新华书店
开　　本：710mm × 1000mm　1/16开　印张：8.5　字数：66千字
印　　刷：北京天宇万达印刷有限公司
版　　次：2023年11月第1版
印　　次：2024年3月第2次印刷
书　　号：ISBN 978-7-5113-9064-6
定　　价：49.80元

中国华侨出版社　北京市朝阳区西坝河东里77号楼底商5号　邮编：100028
编 辑 部：（010）64443056-8013　　传　　真：（010）64439708
网　　址：www.oveaschin.com　　E-mail：oveaschin@sina.com

# 我是天生的学习者

小朋友们，在阅读这本书之前，请先回答一个问题：“你们是从什么时候开始学习的呢？”

其实，每个小朋友都有一颗学习的种子，那就是好奇心、求知欲。我们从一出生来到这个世界，就开始学习了：牙牙学语“爸爸”“妈妈”，自己吃第一口饭，自己试着穿衣服……我们是天生的学习者。学习的能力，如同呼吸、睡觉一样，是自然而然的存在。学习伴随着我们成长，且在成长中我们的学习能力也会越来越强。

《诫子书》中说：“非学无以广才。”即不学习就无法增长才干。想让自己不断变强的心，会带我们去攀登更多的知识高峰。但学习，要有科学的方法。

本书由闻道清北团队深入研发创编而成，书中，清华、北大的学长学姐结合自己多年的生活和学习经历，向我们科学解析了高效学习的影响因素，从原理到方法，力求把学习这件事直观地呈现给每一位小朋友。

为什么不想学习，怎样才能拥有学习的动力，独立学习能力如何培养，良好的学习习惯怎样养成，时间分配怎样更科学，如何战胜学习中的挫败感……小朋友们在学习过程中遇到的问题、产生的困惑，在这本书中都能找到答案。

小朋友们，步入小学只是我们学习的新起点，未来有无限可能，美好的明天在等着我们去创造。愿这本书能让你们爱上学习，高效进步，成为真正的学习高手。

闻道清北

# 学长寄语

我曾经为数千名同学做过演讲并和他们交流，也接受过数百位家长朋友的咨询，他们几乎都会问到一个问题：清华、北大的同学是如何考上清华、北大的，是否有核心的因素和驱动？这个问题一直困扰着我。之后，我带着闻道清北的小伙伴们访谈了数百位清北学子，发放了数千份调研问卷，发现考入清华、北大的同学无一例外都具有一种自主学习的能力，这表现在他们有非常强的学习主动性、学习专注度、阅读记忆力和强大思维力。

当然，这些能力并非天生，而是可以通过后天培养习得，这也意味着每一个孩子通过自主学习能力的培养，都能成为超级学霸！

《漫画儿童自主学习力》是清华、北大学子集体智慧的结晶，它从唤醒孩子的独立学习力、提升孩子的持久专注力、培养孩子的超级思维力、训练孩子的高效记忆力四个维度来分享可行的独特训练方法，帮助孩子从小培养优秀的学习习惯和学习方法。

“夙兴夜寐,靡有朝矣”，这本书的问世经过了长期的团队努力，希望我们的努力能让每位同学和家长朋友从中受益，你们的支持是我们不懈努力的动力源泉。

伍廉荣
清华大学

# 目录

## 第1步 拥有独立学习力，激发内在的学习兴趣与动力


1 我知道学习很重要，可就是不想学习怎么办 002
2 别人都有特长，我的优势在哪里 006
3 怎么能让我对学习感兴趣 010
4 如何提升自己的学习能力 014
5 遇到难题，我总想让别人帮我解决 018
6 努力学习，成绩真的会进步吗 022
7 学业规划，让我学会自主学习 026


## 第2步 提升持久专注力，抵抗各种干扰与诱惑


1 写作业拖拉，我也不想当“磨蹭大王” 032
2 妈妈总说要专注，到底什么是专注 036
3 沉迷电子产品，成绩难免会退步 040
4 多问为什么，越好奇越专注 044
5 学习目标太多，我到底要先完成哪个 048
6 我怎么这么马虎，总是丢三落四 052
7 我认真听讲了，可老师提问我却答不出 056
8 只要有一点干扰，我学习时就会分心 060

## 第3步 培养超级思维力，学会独立思考与学习创新


1 我这么小，也有思维力吗 066
2 清晰的思维导图，到底有什么用 070
3 我不允许自己用惯性思维去学习 074
4 发散思维，我从来不给思维设限 078
5 积极幻想，想到才能做到 082
6 丰富想象力，我才会创新 086
7 这道题该怎么分析解答 090


## 第4步 训练高效记忆力，掌握事半功倍的背诵技巧


1 为什么别人记得住，我却记不住 096
2 忘了记，记了又忘，我怎么能避免遗忘 100
3 为什么学霸背诵起来这么省力 104
4 复习真的能克服遗忘，提高成绩吗 108
5 限时记忆，让大脑紧张起来 112
6 老师让我边写、边念、边记忆 116
7 进行自我检测，看看知识记牢了没 120
8 哪些时间段有助于大脑记忆 124

## 第1步

# 拥有独立学习力，激发内在的学习兴趣与动力

# 1 我知道学习很重要，可就是不想学习怎么办

“悬梁刺股”这个成语讲的是古人孙敬和苏秦废寝忘食、刻苦学习的故事。很多小朋友佩服孙敬和苏秦的学习精神，也知道学习的重要性，但很多时候，依然不想打开书本，不想努力，不想为自己的理想付出实际行动。那么，到底是什么原因让我们不想学习呢？

是诱惑太多，还是畏难情绪太盛？是我们太懒，还是没有发现学习的乐趣？试着找出自己不爱学习的根本原因吧，这样我们才能化被动为主动，积极参与到学习中去。

## 学习有技巧

### 1 精神鸦片分散学习的注意力

精神鸦片，是指一类容易让人上瘾但对人没有实质性帮助的东西。现代科技的进步给我们带来了极其丰富的物质生活，但随之而来的外界诱惑也变得越来越多，比如不良的短视频、无益的手机游戏等。“玩物丧志”的说法不无道理。所以，我们有必要拒绝那些无益的活动，远离那些侵蚀我们的诱惑。

## 2 用勤奋代替懒惰

学习需要付出大量的时间和精力，活泼好动的我们对这个枯燥的过程天生比较抗拒，行为上自然就会产生懈怠。我们需要在学习中用勤奋鞭策自己，一步步走出惰性的舒适圈。一旦克服了自身的惰性，我们在学习上就会突飞猛进。

## 3 降低学习门槛，制订合理的学习计划

很多小朋友不想学习是因为有畏难情绪。所以，我们先不要去考虑学习后能得到怎样的结果，马上行动起来再说。我们可以制订一个合理的学习计划，先从容易的学起，在一步步的实践中，在踏实的努力中，我们的成就感会不断累积，进取心也会变得越来越强。

## 导图小总结

不想学习，是大多数学生的通病，究其原因，还是由于缺少学习的内驱力。只要我们不放任自己，努力挣脱惰性的束缚，采取合理的方式激发学习兴趣，维持学习上的动力，那迎接我们的就是天高海阔、鸢飞鱼跃。挥一挥手，和不想学习的自己大声说“再见”！

小朋友们，不妨按照你们从本篇中学到的内容，填完整导图，进行总结吧！

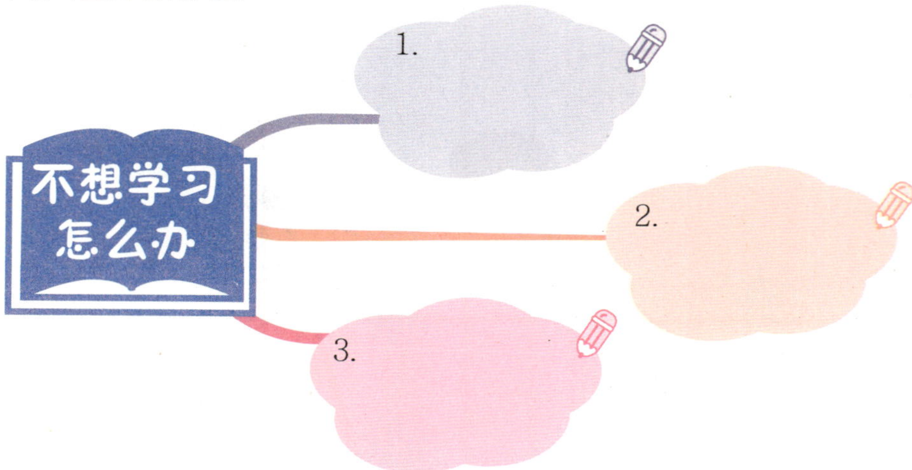


## 自主学习关键词

**动力**　本指事物运动和发展的推动力量，而学习动力是指引发与维持学生的学习行为，并指向一定学习目标的倾向。

# 2 别人都有特长，我的优势在哪里

老子的《道德经》里有句话说的是“知人者智，自知者明”。“自知”说的就是我们要清楚知道自己的能力，包括自己的优势和劣势。如果我们能正确地认识自己，公正地评价自己，那么我们就能在学习时取长补短，合理规划，让自己走得更远。

但是在现实中，很多父母和小朋友往往只关注自己的缺点，而忽略了自己的优点，这其实是得不偿失的。我们更应该看到自己的学习优势，并积极发展、不断放大，这才是取得进步的长久动力。

## 学习有技巧

### 1 听听别人怎么评价自己

俗话说：当局者迷，旁观者清。在学习上，老师、家长、同学都是我们的监督者和旁观者。我们可以在课下向他们了解自己在学习上表现出来的优势和存在的问题。他们的看法可以帮助我们从不同的角度认识自己。

## 2 列一张个人优势清单

小朋友也可以总结一下自己在学习上的优势。比如，在平时的学习中，你是记忆力好，还是字写得工整；是数学成绩出色，还是更喜欢绘画；是喜欢唱歌，还是喜欢运动？我们可以一条条写出自己的优势，用这些正面的评价给自己加油打气。

## 3 不断发掘并发展自己的优势

有学习优势是好事，但这不应该成为我们炫耀的资本，只有把优势保持住，才能让我们更优秀。所以，我们在学习中要发挥自己的长处，不断发掘新的优势。经过刻意训练后，我们学习优势的宽度和广度也会不断增长。

## 导图小总结

小朋友，你是不是也经常在学习上妄自菲薄呢？快试试通过整合老师、家长、自己三位一体的评价，看看自己到底有多优秀吧！当你了解到那些自己都没有意识到的在学习上的优势后，你一定会对学习更有兴趣、更有动力。

小朋友们，不妨按照你们从本篇中学到的内容，填完整导图，进行总结吧！

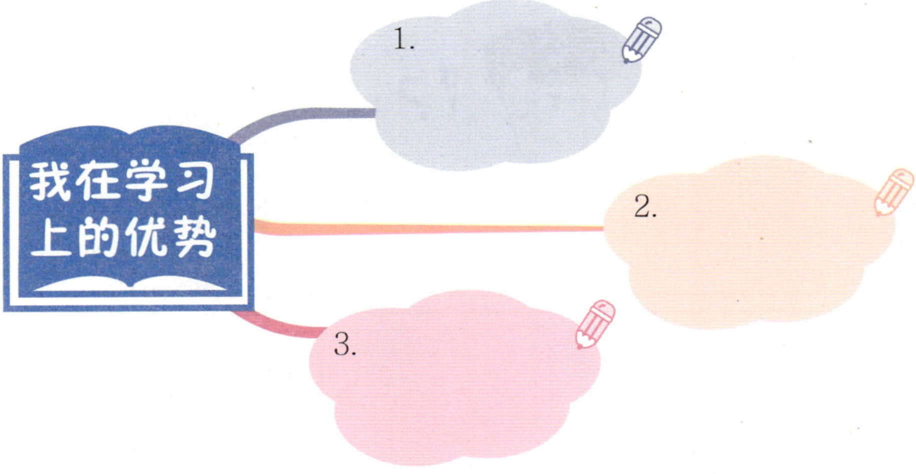


## 自主学习关键词

**自知**　一般指明达的人对自己的正确评价。有自知的人能规避自身的劣势，让自身的优势得到积极发展。

# 3 怎么能让我对学习感兴趣

每个人的学习经历都不是一帆风顺的，有时候偶然的考试失利、老师的批评、父母的不理解，都会打击我们的学习兴趣。如果再听到“笨”“差”等评价，更会让我们情绪失落。

没有兴趣的、被强迫的学习过程，注定会变得很被动且效率低下。兴趣是最好的老师。那么，小朋友们该如何保持对学习强烈而持久的兴趣呢？

## 学习有技巧

### 1 从自己最喜欢的学科培养兴趣

我们正在学习的每个学科其实各有各的乐趣，小朋友们可以先试着从自己喜欢的科目开始，培养学习的耐心和吃苦精神。一旦真正学进去，我们就会产生一种主动克服困难和枯燥的韧劲儿，这就是学习兴趣。如果再把这种力量扩展到其他学科，学习自然就会“更上一层楼”。

## 2 学会提问比得到答案更重要

好奇是每个孩子的天性。提问其实就是大脑积极思考，主动求知的表现。我们在平时，可以多问几个“为什么”。在一步步地探究中，我们的思想火花不断迸发，学习兴趣自然也会越来越浓厚。

## 3 用有趣的方法激发学习兴趣

学习形式过于单一，会让我们学习起来枯燥无味。不妨多变换一下学习的方式和方法。比如，我们可以把学习过程游戏化，在游戏环节强化对知识的掌握；也可以用抢答的形式或和同学分成小组来共同学习。这些丰富多彩的学习形式能带给我们更多的新鲜感和乐趣。

## 导图小总结

每个人表现出来的对学习的兴趣并不相同，但是如果我们耐心培养，它也可以从无到有、从有到强。在这个过程中，小朋友们要主动开动脑筋，不断优化自己的学习方法。一旦你们开启了学习的兴趣之门，取得好成绩指日可待。

小朋友们，不妨按照你们从本篇中学到的内容，填完整导图，进行总结吧！

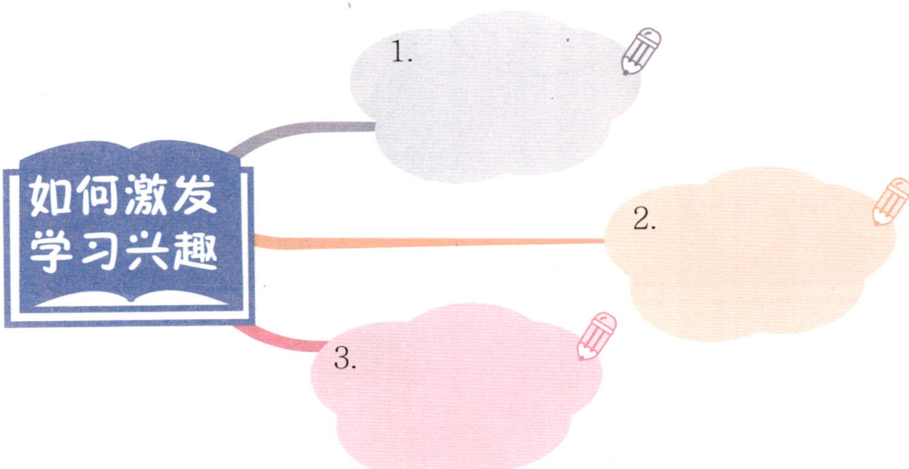


## 自主学习关键词

**兴趣** 是一种非常积极主动的心理状态。这种在认知过程中产生的愉快情绪，对我们的学习探索很有益处。

# 4 如何提升自己的学习能力

小朋友，你是否也有过一写作业就逃避，一有奖励就精神的时候？你是否也有学了好久没效果便想放弃，听了老师的表扬又重燃斗志的时候？这就是激励机制的作用。

学习是一项长期工程，难免会有动力不足的时候，而各种激励就像加油站，可以让我们积极主动地提升学习兴趣，心甘情愿地重新投入热情。那么，到底哪些激励才是有效的，哪些激励可以发挥正面能量，帮我们实现学习目标呢？

## 学习有技巧

### 1 物质奖励在一定时期内有用

我们可以和父母或自己约定，当学习成绩达到某个预定目标时，得到一本心仪已久的书，或参加某个活动。相信很多小朋友都会大受鼓舞，瞬间产生强烈的学习动力。可见，物质奖励在一定时期内确实可以让我们学习起来更有动力。

## 2 精神奖励更有吸引力

物质奖励带给小朋友的学习动力往往只是一时的，要想获得长久的学习动力，还要从精神奖励着手。那些看不见的奖励，比如老师的表扬、同学的鼓励、家长的深度认可等，都能变成一股无形的推动力量，让我们觉得被重视和被支持，进而学起来更有动力。

## 3 学习过程中的愉悦感太棒了

不断学习，时时进步，带给我们的最大礼物就是真实、积极的情绪体验。那些学有所成的愉悦感、成就感、满足感等，和外界无关，全在我们的内心。这些美好的感觉会强化我们的学习动机，激发更大的学习潜力。

## 导图小总结

曾有个故事说一个爱清静的老人因为门口总是有几个孩子吵闹，于是他开始每天给孩子们发糖：前几天，每人发三颗；后来减少到两颗；最后甚至不发了。于是，孩子们生气地再也不来他家门口了。

其实，有效激励就像平淡生活中加入的一点儿糖，外人给的总是会让我们觉得不过瘾，要想激励机制变得长久，提高自身的内驱力才是重点。那么，究竟应该怎么做呢？小朋友们，不妨按照你们从本篇中学到的内容，填完整导图，进行总结吧！

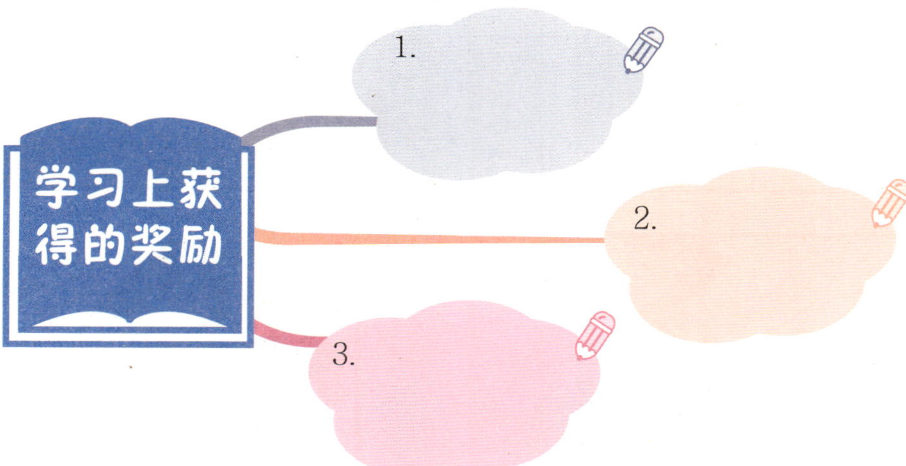


## 自主学习关键词

**激励**

就是通过某种适当的奖励形式，来规范、激发或引导个人的行为，从而完成最终目标。在督促孩子学习的过程中，激励一般不涉及惩罚，而侧重于奖赏。

# 5 遇到难题，我总想让别人帮我解决

“求人不如求己”最初出自《论语》，意思是央求别人，不如自己努力。仔细品读这句话，确有深意！我们在学习上何尝不是如此呢？

遇到学习上的“拦路虎”，如果我们想都不想就找父母或者老师帮忙，长此以往，除了助长思维惰性和让自己丧失独立解决问题的能力之外，还能有什么好处呢？遇到困难，如果总想逃避，寄希望于别人帮忙解决，自己什么时候才能独立和强大呢？

## 学习有技巧

### 1 先不要急于求助

我们现在的每次考试及长大后的每次人生选择，没有什么人能随时为我们出谋划策，所以，从小培养自己独立解决问题的能力非常重要。在学习中遇到难题时，我们可以先按捺住自己急于求成的心，告诉自己，不依靠别人也能找到答案。

## 2 开动脑筋，尝试自己解决

想要自己解决问题，需要我们保持冷静，专心思考。遇到难题，我们要开动脑筋，多问几个为什么，多关注题目中的隐藏条件，多看看书本上的相关例题，一旦堵塞的思路被打开，问题便会迎刃而解。

## 3 调动可利用的资源

社会的进步为我们提供了很多搜集学习资料的渠道，如各种工具书、网络等。这些外在条件不断完善，为我们主动学习提供了多种方式。遇到自己实在解决不了的难题，我们也可以尝试调动、运用现有的资源，寻找突破口。

## 导图小总结

“自助者天助”，它激励人们自强不息，遇到困难不退缩。在学习上，如果小朋友们能激发出自己内心的小马达，那么我们也能不断突破，更加自信。

小朋友们，不妨按照你们从本篇中学到的内容，填完整导图，进行总结吧！

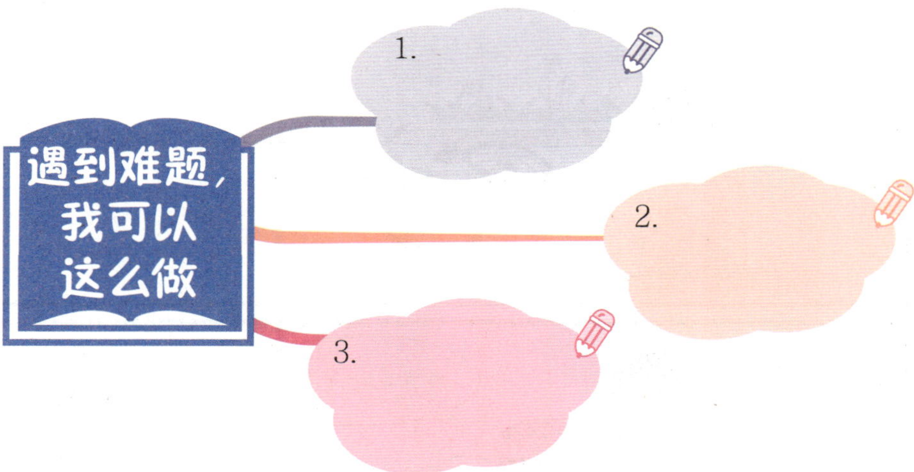


## 自主学习关键词

**自助** 指依靠自己的力量解决遇到的问题。在学习上，这种主动态度尤其值得推崇。

# 6 努力学习，成绩真的会进步吗

小朋友们是不是也有过明明自己某一阶段一直很努力地学习，但考试成绩却没有任何起色的经历。这时候，我们不禁会产生疑惑：我的努力有用吗？我是选择继续学习，还是直接放弃呢？

其实，勤学如春起之苗，不见其增，日有所长；辍学如磨刀之石，不见其损，日有所亏。在学习上，只要小朋友们肯付诸行动就会有所改变；也许一时没有结果，但不要怀疑，我们的每一分努力都是积累。

## 学习有技巧

### 1 努力的方向正确，学习事半功倍

“南辕北辙”这个成语，小朋友们都不陌生。学习这件事，其实也是一次长途跋涉，比如我们数学考试总是失分很多，不妨停下来分析一下是什么原因导致的。只有我们找到了问题所在，明确了要改进的方向，才有可能取得实质的进步，否则只会跟成语中的人一样，离目标越来越远。

## 2 取得的效果要看努力的程度

很多小朋友在努力学习一阵子后便急于看到效果，可现实一旦不如预期来得那么迅速和明显，有些人就会失望，甚至放弃努力。这种做法是很不可取的。我们要知道，学习就和挖井一样，只有长久坚持下去，地下的清泉才会喷涌而出。

## 3 要看到自己努力后的微小改变

“水滴石穿，绳锯木断”的故事告诉我们，小小的水珠，如果不停滴落，天长日久也可以把石头打穿。在学习上，我们无须一鸣惊人，只需要每天进步一点点。今天比昨天多背了一个英语单词，多掌握了一道数学错题……这些看似不起眼的微小改变，终会提升我们自己。

## 导图小总结

宝剑的锋利源自不停磨砺，梅花的清香源于长久的苦寒。小朋友们只有在学习上不断付出努力，才能看到自己的学习成果。这些成果和努力相辅相成，反过来又会激励我们继续在学习上不遗余力。

小朋友们，不妨按照你们从本篇中学到的内容，填完整导图，进行总结吧！

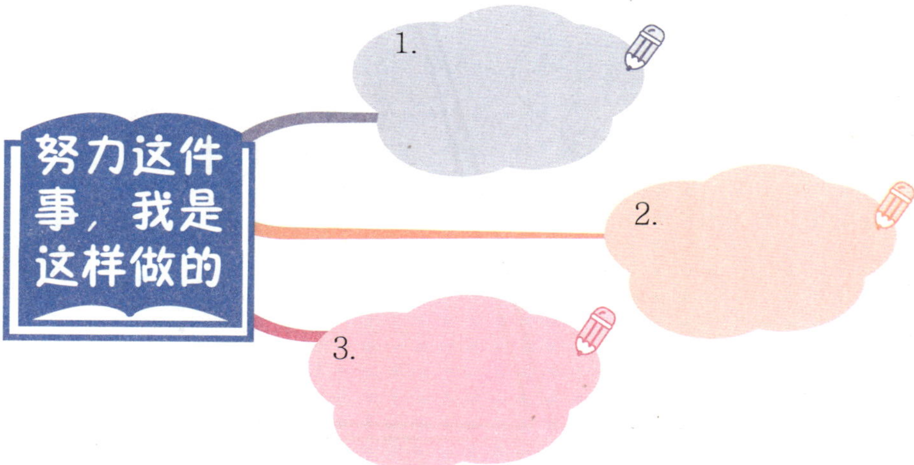


## 自主学习关键词

**努力**　指做事情的积极态度，用尽力气或方法来解决自己面临的问题，这是一种主观能动性的表现。

# 7 学业规划，让我学会自主学习

每天，我们学习的科目走马灯似的换来换去，其间，可能有的知识掌握了，而有的还是囫囵吞枣没来得及消化。在小学六年的进阶之路上，我们可能有些学科成绩稳定，有些学科成绩则忽上忽下。面对这些状况，我们该怎么办呢？

这时候，我们最需要的应该是一份科学合理的学业规划。当然，有些小朋友可能浑浑噩噩，从来没有思考过上面的问题。但是如果你想摆脱学习不好的境遇，就不得不正视这些问题。

## 学习有技巧

### 1 给自己的学业排排序

我们可以根据近期的测评成绩，清楚地判断出自己的优势学科和劣势学科，客观地分析自己现在的学习方法、学习状态是否需要改进。毕竟，根据这些制订出的学业规划才会更科学。

## 2 安排好不同学科的学习时间

时间分配上是大有学问的。一般情况下，我们要根据自身的具体情况，把时间合理地向自己的劣势学科倾斜。但是，不是说我们数学不好就要每天拿出大把的时间补习数学，而是要在不影响其他科目的前提下，有针对性地对自己的数学知识漏洞做填补。

## 3 目标明确，学习更有效率

学业规划，除了要有远大的目标之外，还要有具体的小目标。比如，上床睡觉前要把当天所学的知识盲点全部“清零”，每周要练习一套数学试卷。我们如果在认清自身的基础上，有明确的学习方向，有适合自己的学习方法，有合理的时间规划，想不成功都难。

## 导图小总结

没有规划的人生就像在海上没有人掌舵的船，只能随波逐流；没有规划的学习，就像无头苍蝇没有目标地乱撞，只能四处碰壁。所以我们在学习的时候，千万不能顾此失彼，只埋头苦读而缺少规划。

怎样才能胸有成竹地制订出适合自己的学业规划呢？小朋友们，不妨按照你们从本篇中学到的内容，填完整导图，进行总结吧！

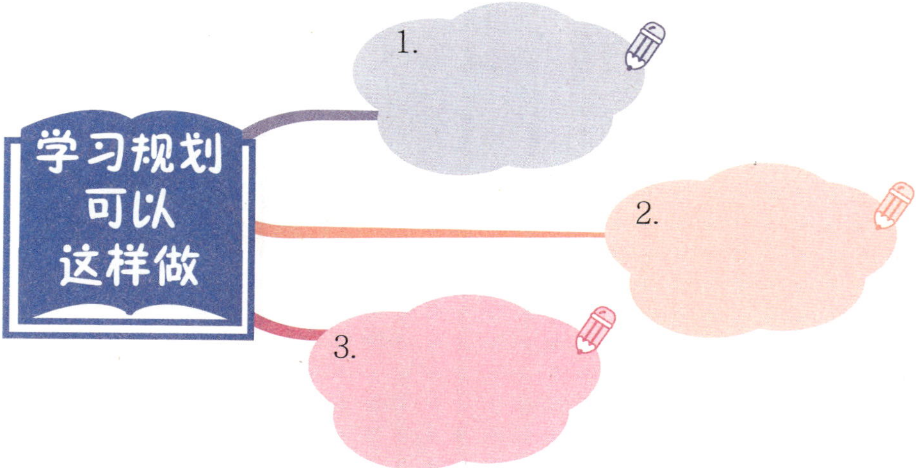


## 自主学习关键词

**规划** 是基于对未来的思考和考量而设计的一整套行动方案。就学生来说，主要是学业规划，侧重在学习步骤、学习时间上的安排。

第2步

# 提升持久专注力，抵抗各种干扰与诱惑

# 1 写作业拖拉，我也不想当“磨蹭大王”

面对写作业这件事，小朋友们是不是觉得很痛苦？有的小朋友能拖一会儿是一会儿，有的即便早早坐下开始写了，但一会儿想喝水，一会儿想吃东西，就是不能安安静静地迅速完成。谁都不想成为"磨蹭大王"，但我们为什么就是不能高效地完成作业呢？

说到底，还是因为学习的专注力不足。对于写作业，很多小朋友是从内心抗拒的，当我们内心抗拒做这件事情时，自然就会想出各种逃避方法，能拖就拖了。

## 专注没烦恼

### 1 摆正心态，正确理解"写作业"的目的

"写作业"不是父母或老师的故意刁难，而是他们希望我们能够及时发现不足，巩固学过的知识。换个角度想，我们写作业拖的时间越长，干其他事情的时间就越短，那还不如加快速度，有效率、有质量地完成作业更实际。

## 2 基础知识薄弱，对学习没兴趣

有的小朋友本身基础知识薄弱，课堂内容根本没听懂，做作业时自然很费劲。要想写作业不再是件“苦差事”，就要先把以前的“欠账”补上。最简单的做法就是通读一遍教材，把课后的练习题或生字词认真再做一遍，基础打牢后就不会畏惧写作业了。

## 3 额外作业多，故意磨蹭

有的小朋友不爱写作业，除了惰性，还有一个原因，就是父母给我们增加了很多额外任务。于是，我们只能用“磨蹭”的方法来消极反抗，因为我们总觉得如果自己写完了，爸爸妈妈还会再布置作业，不如就写慢一点。而这种有意识的拖延不断重复，久而久之，就变成了一种坏习惯。

## 导图小总结

其实，每个小朋友都有一颗向好的心，谁不希望自己能改掉那些不良的学习习惯呢？只是有时候我们有心无力，不知道从哪里下手改进。不要灰心，其实我们真要想追赶上来一点儿都不难。

到底怎么做呢？小朋友们，不妨按照你们从本篇中学到的内容，填完整导图，进行总结吧！

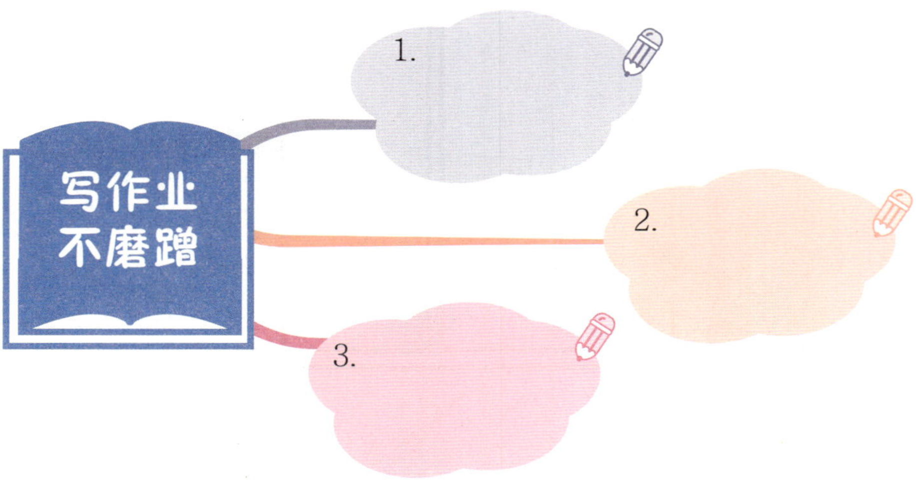


## 自主学习关键词

### 拖延症

即一种有害的推迟行为。它在整个社会中都很普遍，并且可能在某种程度上延迟我们解决问题的能力。孩子的拖延症，多指的是一种磨蹭的行为，主要体现在生活习惯和学习习惯养成方面。

# 2 妈妈总说要专注，到底什么是专注

什么是专注？专注就是针对某个目标或者任务，人能精神高度集中地参与进去的一种状态。对我们小学生而言，能够不分心地去做一件事情，就说明我们具有一定的专注力。

专注力强，能够让我们更快地进入学习状态，也能让我们更高效地吸收知识、处理问题。那么，怎样提升专注力并减少那些“不认真”“不用心”“三心二意”的情况出现呢？

## 专注没烦恼

### 1 以监督或陪伴为名的打扰会破坏专注力

当我们专心学习时，父母某些无意识的行为，如提醒坐姿、送水果等，其实会打断我们的思路，让我们越来越难以集中注意力。所以，我们一定要提醒爸爸妈妈，不要因为过度关心我们而频繁干扰我们的做事节奏。毕竟，从小打下良好专注力的基础，要比“先破坏，再弥补”省力得多。

## 2 专注的时间长短因人而异

就拿阅读来讲，有的小朋友能专心阅读一个小时，而有的小朋友可能读不了几句就开始分心。每个人能保持专注的时长是不一样的。如果我们不能长时间集中注意力做某件事情，不妨平时有意识地加强练习。

## 3 专注力的强弱并不代表智商的高低

有的小朋友在课堂上经常走神，但即便如此，也不能说明他们“笨”。除了孩子自身因素之外，影响专注力的因素还有很多。如果我们感觉自己专注力较差，不要自卑，多寻找克服干扰的方法，多进行专注力训练，我们也能变得更好。

## 导图小总结

很多小朋友的专注力差，往往是由于父母的错误认知导致的。如果我们再给自己贴上“专注力不足”的标签，从心底丧失自信，就可能变成真正的专注力差了。所以，及时纠正、调整认知，迫在眉睫。

小朋友们，不妨按照你们从本篇中学到的内容，填完整导图，进行总结吧！

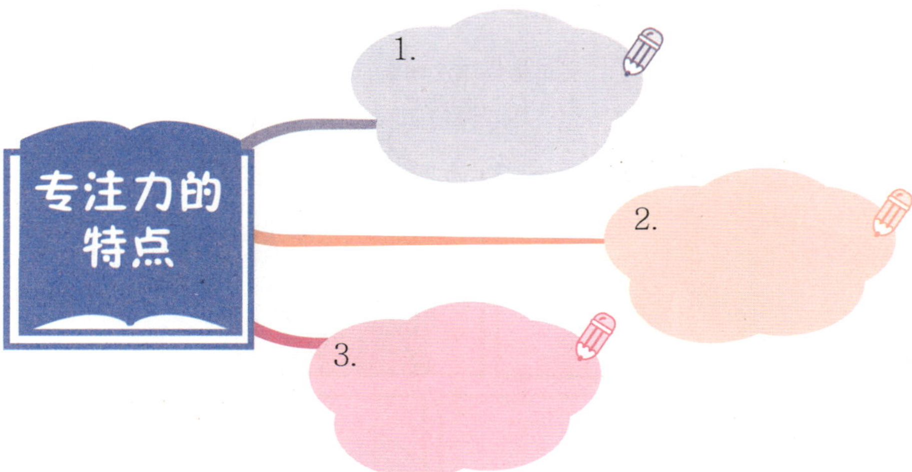


## 自主学习关键词

### 无意注意

孩子从出生开始就拥有注意的能力，这种专注力不需要意识努力，也没有预定目标，只是不由自主地对某件事物好奇，即“无意注意”。

# 3 沉迷电子产品，成绩难免会退步

或许小朋友们会有疑问，电子产品是什么？

其实，像我们平时经常接触的电视机、计算机、手机、游戏机等，都属于电子产品。进入小学之后，我们的学习压力会越来越大，这个时候通过玩游戏、看电视来放松一下心情，是完全可以理解的。

但是，如果让这些东西占用自己过多的时间，甚至让我们沦为这些电子产品的“奴隶”，这对我们专注力的发展和以后的生活、学习都是非常不利的。

## 专注没烦恼

### 1 认识沉迷电子产品的坏处

长时间使用电子产品很容易导致眼睛近视，一旦近视，要想恢复可谓难上加难。除此之外，一些颈椎问题、睡眠问题也有可能因它而起。况且，如果我们在玩游戏或看电视上花费了大量时间，学习的时间势必减少，这也将给学习带来消极影响。

## 2 合理安排使用电子产品的时间

互联网时代，我们要想彻底摆脱电子产品似乎是不可能的，而且通过网络了解外面的世界也是有必要的。所以，我们可以拟订一个电子产品使用规划单，在不影响健康和学习的前提下，合理、适度地安排使用电子产品的时间和频率。

## 3 给自己定个闹钟或请别人监督

很多小朋友虽然知道沉迷电子产品的危害，但就是无法克服自己想玩的欲望和一玩起来就欲罢不能的冲动。那么，给自己定个闹钟做提醒，或者请家人、朋友来进行监督都是不错的选择。

## 导图小总结

专注力应该是一种内心自然产生的忘我状态，是我们能主动控制的注意力，但是电子产品却通过声音、画面等外部刺激让我们欲罢不能。对于自我管理能力比较弱的小朋友而言，如果没有节制地玩电子产品只会一点点蚕食学习和做事的专注度。

那么，怎样才能掌握好学习和玩电子产品之间的平衡呢？小朋友们，不妨按照你们从本篇中学到的内容，填完整导图，进行总结吧！

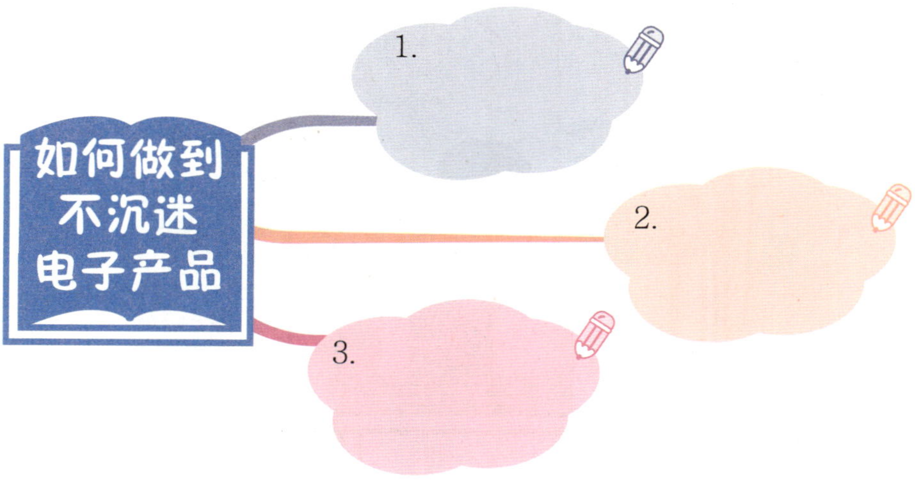


## 自主学习关键词

### 手机瘾

又称作手机滥用综合征、手机焦虑症等，它通常表现为沉迷手机，无法自拔。小朋友玩手机成瘾的后果很严重，不仅影响学习，还会影响身心健康。

# 4 多问为什么，越好奇越专注

牛顿发现万有引力定律的故事，让无数人看到了好奇心的重要性。在生活中，我们也经常会问“为什么”，只不过有的时候父母会表现得不耐烦，或者我们根本想不出准确答案。但这样，好奇心对自己就毫无帮助吗？

不是的。其实在我们对事物产生好奇的时候，大脑就已经在高速运转了。在思考问题的过程中，好奇心会让我们更加积极、全神贯注地想办法、找对策。因此，它对我们的专注学习帮助很大。

## 专注没烦恼

### 1 勇敢提问

子曰：“知之为知之，不知为不知，是知也。”遇到不懂的或者好奇的事情，要勇于提问，这才是智慧。不管是在学习中，还是在生活中，我们要多观察、多思考、多提问。发现问题的过程，就是专注思考的过程。

## 2 敢于探索

为什么牛顿被苹果砸中头部后，能悟出“万有引力”的规律呢？这其实是好奇心驱动深度思考的典型案例，牛顿解决疑惑的时候必然是专注力极强的并有极其深厚的基础知识加持。同样，在遇到自己好奇的问题时，我们也要认真、专注地去思考，敢于尝试新方法、新思路。

## 3 要有自己的思想和主见

对于很多问题而言，答案可能并不唯一，所以我们一定要有自己的看法和思想，不能人云亦云。我们要多积累知识，多拓宽视野。只有这样，我们才能对事物永远怀有好奇之心，才能在解决问题时更加专注。

## 导图小总结

好奇心不断“指引”我们去问“为什么”，这也成为我们探索未知事物、更想接近真理的动力。但有的小朋友在遇到一件事情或看到一个知识点的时候，根本想不起来问“为什么”，或者问不出“为什么”，这主要是好奇心没有被激发出来导致的。

在生活或学习中，我们要如何激发自己的好奇心呢？小朋友们，不妨按照你们从本篇中学到的内容，填完整导图，进行总结吧！

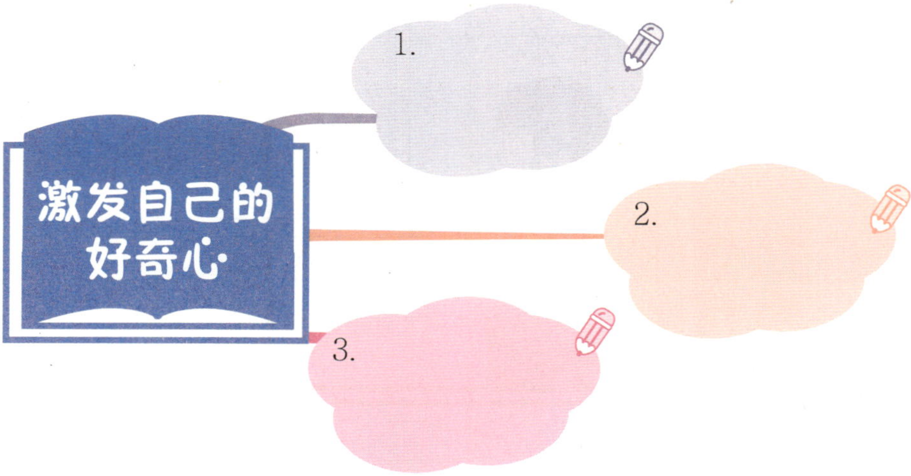


## 自主学习关键词

### 好奇心

简单来讲，好奇心就是我们在看到一些现象后产生的求知欲，希望能够更多地去了解这些现象或事物。这种想了解更多的欲望就会使我们付诸行动。

# 5 学习目标太多，我到底要先完成哪个

很多小朋友每天辛辛苦苦地学习却看不到效果，可能是由于没有清晰的学习思路和聚焦的学习目标导致的。设定的目标太多，很容易导致学习的重心变来变去，做事情“三分钟热度”，不但不能提升我们的学习专注力，久而久之，还会让我们的心理压力越来越大。

其实，如果我们能把目标梳理清楚，按照优先次序逐个击破，那么随着目标任务的减少，我们的压力会越来越小，动力则越来越大。

## 专注没烦恼

### 1 先了解自己的实际情况

学习中，有明确的目标，才能看见自己努力的方向，才能拥有前进的动力，没有目标的人不会学得轻松。我们可以先梳理一下自身的实际情况，从中找出自己知识掌握的薄弱环节、存在的问题、容易丢分的点，这样我们就能根据实际情况，制订出适合自己的学习目标。

## 2 目标要分轻重缓急

目标太多，很容易让我们的时间和精力被分散，反而不一定能做好事情。但如果我们能把自己的目标进行分类，找到当下最重要的那件事去专注地完成，就可以减少低效率的情况。完成一件事，再集中精力去完成下一件也能让我们越来越轻松。

## 3 有针对性地做好时间分配

在了解了自己的优势和劣势之后，要有针对性地安排时间。比如自己语文平时只能考到80分，数学能考到95分。这个期末要想语文考到95分，就要在语文学习上多花一些时间。如果语文是因为作文拖后腿，那么时间一定要放在写作练习上。

## 导图小总结

学习目标太多，没有条理，会致使我们无法将精力专注在同一件事情上，反而起不到好的效果。给目标排序后，每完成一个目标，就划掉一项，会让我们在完成某个目标的时段内注意力更集中，甚至原来感觉不可能实现的目标也可以完成。

小朋友们，不妨按照你们从本篇中学到的内容，填完整导图，进行总结吧！

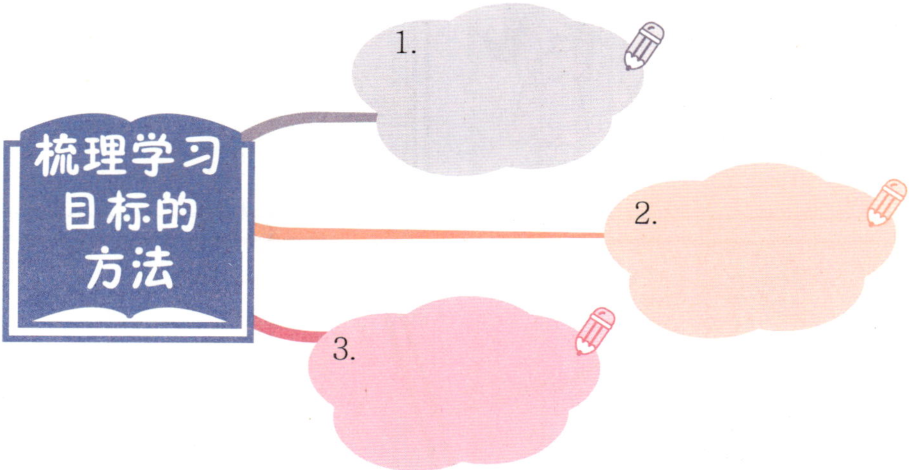


## 自主学习关键词

**目标** 是指根据组织的使命而提出的组织在一定时期内所要达到的预期成果。对我们来讲，学习目标就是指在学习过程中，自己对自己的要求和期待。为了实现目标，我们就要付出努力。

# 6 我怎么这么马虎，总是丢三落四

“你怎么总是丢三落四？”在生活中，你会不会经常听到父母这样的抱怨？有的小朋友出门不是忘了拿水杯，就是忘了带书包。但是我们有没有思考过，为什么我们会如此马虎呢？是我们的记忆能力差吗？

其实，在大多数人的孩童阶段，丢三落四往往与记忆力关系不大，更多的原因可能是做事的专注力不足。但我们如果在生活中经常丢三落四，在学习中可能也会状况百出，比如考试的时候忘了写名字、漏了题等。因此，这个问题不容忽视。

# 专注没烦恼

## 1 摆脱对父母的依赖心理

很多小朋友总是习惯性地等着爸爸妈妈来帮自己整理书包、收拾房间，甚至每天穿什么衣服都要爸爸妈妈准备好。长此以往，我们对做任何事情都不会上心，总觉得有父母在兜底。要想改掉丢三落四的毛病，就要从现在开始，自己的事情自己做。

## 2 提前做准备或列一个检查清单

如果害怕因早起上学着急而出现丢三落四的情况，不妨前一天晚上就收拾好书包，把该带的物品提前准备好。即便是平时出门，也要做到心中有计划，出门之前确认一下需要的物品有没有遗漏。久而久之，我们就会养成对自己负责的好习惯。

## 3 允许自己从经验中吸取教训

因为态度不端正或专注力不足引起的马虎大意，是每个人成长中都会经历的。爸爸妈妈的说教也许并不会让我们感触很深，但当自己有了切身体会，感到压力和不便的时候，自我改变的动力才会更大。

## 导图小总结

父母事无巨细地包办一切，只会让我们变得更加散漫，对任何事都不关心，这对我们成长为一个独立、专注的人是很不利的。如果不希望自己成为丢三落四的人，我们就要在平时加强锻炼，不管做大事还是小事，都要认真对待。

小朋友们，不妨按照你们从本篇中学到的内容，填完整导图，进行总结吧！

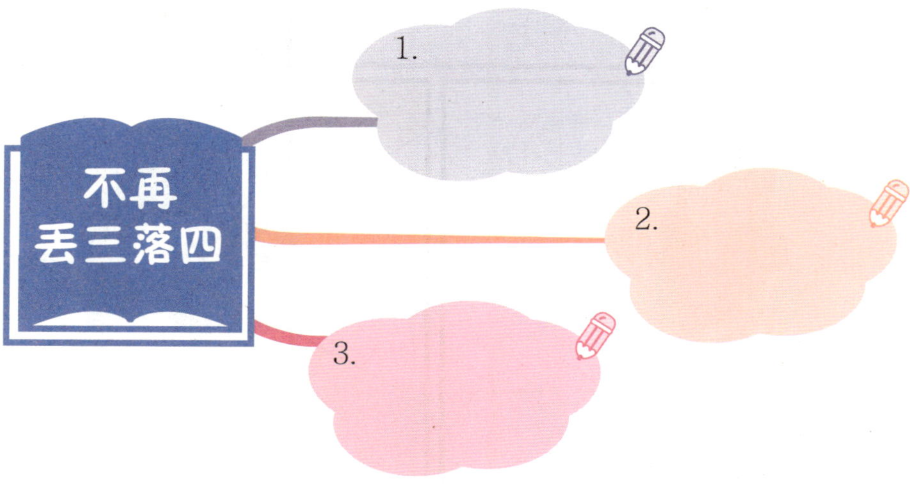


## 自主学习关键词

**依赖**

依靠别人或事物而不能自立或自给。一般来讲，很多小朋友会对父母产生依赖，往往是因为父母帮我们做了太多的事情，从而无须自己动手和动脑造成的。

# 7 我认真听讲了，可老师提问我却答不出

在生活中，我们身边是否有这样的小朋友——他们在课堂上眼睛紧盯着黑板和老师，可一旦遇到提问，却什么都说不出来。这究竟是怎么回事呢？

说到底，这就是听觉专注力不够造成的。他们看似在认真听讲，实则心不在焉，或者说根本抓不住听课的重点。如果我们也有类似的问题，进行一些集中性、有针对性的锻炼，也许能够帮我们达到专注学习的目的。

## 专注没烦恼

### 1 集中训练听觉专注力

填数字游戏和倒叙训练法都可以帮我们集中训练听觉能力。比如，当父母念出一系列有规律的数字时，我们可以复述并把里面漏掉的数字补上，如妈妈说“1，3，？，7，9”，我们集中注意力后就可以知道中间缺少的数字是5。再比如爸爸说“明天吃烤肉”，我们倒转字序就要说“肉烤吃天明”。

## 2 做课堂笔记提升专注力

上课时要时刻拿着笔，做好课堂笔记，能让我们听课更专注。在做笔记的时候，我们也不要什么都记，关键词、关键思路才是记录的重点。这样做，既能使我们对重点知识印象深刻，又可免于分心走神儿。

## 3 主动思考问题、总结问题

听懂和学会不是一个概念。我们要想解答出老师的问题，还需自己主动思考、总结知识。自己一步步思考、探究，专注答疑解惑的过程，最终都会转化成高效的学习能力。

## 导图小总结

同一间教室，同一个老师，但同样是作为学生的我们，却有不同的听课效果。产生差异的原因就是有没有认真听讲。听课时，我们不要想与课程无关的事，不要做与课程无关的行为，听课专注度越高，课堂的学习效率也就越高。

小朋友们，不妨按照你们从本篇中学到的内容，填完整导图，进行总结吧！

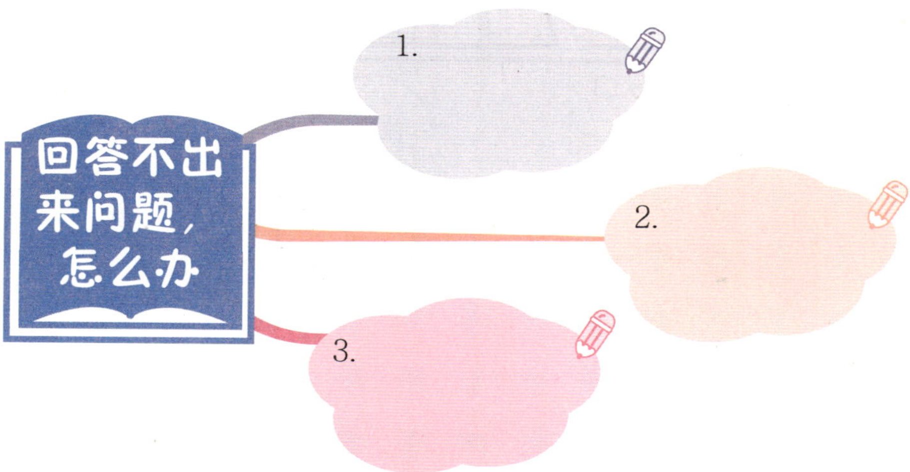


## 自主学习关键词

### 眼耳口协调训练

在我们的身体上，眼、耳、口分别是视觉、听觉和味觉器官。学习虽然不需要我们品尝滋味，但是需要用嘴巴来表达和沟通。如果在学习时，能同时调动视觉、听觉和沟通能力，让各种感官协调工作，必定让我们更投入、更专注。

# 8 只要有一点干扰，我学习时就会分心

小朋友们有没有过这种情况：原本在认真学习，但窗前飞过一只小鸟，我们便开始分心；上课时，同桌不小心掉落一根铅笔，我们便断了思路。这究竟是什么原因造成的呢？为什么一点儿小事就会让我们分心呢？

其实，这都是自身缺乏抗干扰能力惹的祸。一般情况下，干扰源有内外两种，像个人的心情、对学习的想法等都属于内部干扰，而别人的行为、周围的环境就是外部干扰。那么，我们究竟怎么做才能对抗干扰、专注学习呢？

## 专注没烦恼

### 1 限定时间完成学习任务

在学习时，同学间的交谈、室外的环境噪声，甚至自己桌上好玩好看的文具，都可能成为干扰我们专注力的元凶。因此，不妨主动给自己限定完成学习任务的时间，这样就会让我们有一种紧迫感，会自觉屏蔽外部的干扰。

## 2 通过游戏来提升自己的抗干扰能力

比如，在一大堆杂乱无章的图片中，找到指定的图片；玩“找数字”游戏，随机在卡片上写30个数字并打乱，找一个指定的数字。这些游戏的作用都是锻炼、培养我们的抗干扰能力，以后迁移到学习中，也能做到不分心、不走神儿。

## 3 培养学习兴趣

学习的时候，窗前飞过一只小鸟都会让我们分心；看电视的时候，妈妈的大声呼唤我们都听不到。之所以产生这两种不同的表现，正是因为我们对事物的兴趣大小不同。因此，要想提高自己的学习抗干扰能力，还要从培养学习兴趣上着手。

# 导图小总结

小朋友们是否看过这样的情景：哨兵站在烈日下，汗水从额头上流下来，蚊虫落在哨兵的脸颊上，但是哨兵一动不动。难道他们没有感觉吗？当然不是，只是他们用坚定的意志克服了蚊虫的干扰。

抗干扰能力就是这样，我们可以通过日常的训练来不断强化自己的意志，进而不断提升学习的专注度。小朋友们，不妨按照你们从本篇中学到的内容，填完整导图，进行总结吧！

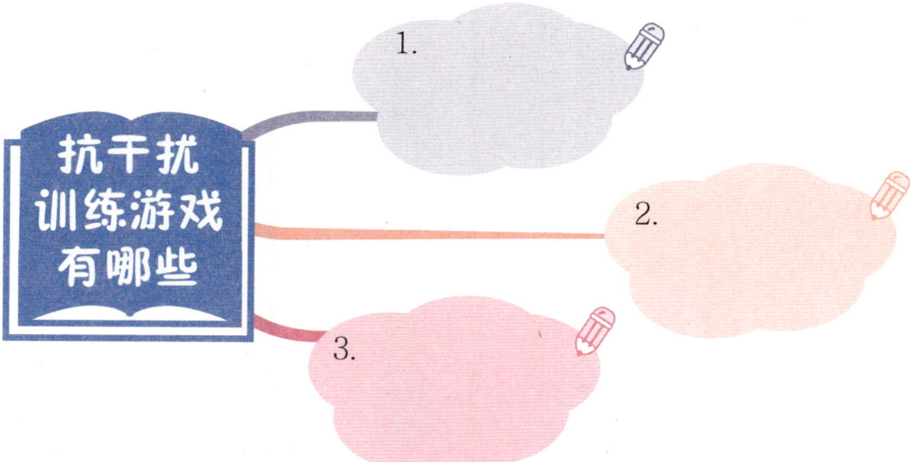


## 自主学习关键词

### 抗干扰

我们在做事时，干扰无处不在。只有提升自身抗击这些因素的能力，才能心无旁骛地高效处理问题。

# 第3步

# 培养超级思维力，学会独立思考与学习创新

# 1 我这么小，也有思维力吗

思维力，听上去比较陌生，但其实在我们的学习和生活中它无处不在。比如在课堂上回答老师的提问，我们需要思考、组织语言、形成自己的答案，整个过程中起主导作用的就是思维力；再比如我们打篮球的时候，运球、投篮等需要大脑判断方向、角度和力度，也要用到思维力。

简言之，思维力就是人们通过思考，对身边的事物或遇到的问题做出判断，进行推理和论证的能力。“拳不离手，曲不离口”强调的是只有通过经常训练才能让我们的技能越来越纯熟，那如何让我们的思维力越来越强、大脑运转越来越灵活呢？

## 思维力训练营

### 1 思维力可以通过后天培养

思维力包括很多能力，如理解力、分析力、概括力、计算力、判断力等。大脑神经四通八达，思维力也几乎涵盖了我们的一切活动。不过，它实质上也是一项技能，也是可以通过训练来改善和优化的。

## 2 用脑力激荡法训练思维力

脑力激荡法，又叫“头脑风暴”，是一种常见的训练思维力的方法。如果我们想有意识地培养思维能力，可以买一些专业的有关“头脑风暴”的书籍，也可以和父母或朋友玩一些思维拓展的游戏。玩的时候，我们可以根据游戏的难易程度来限定通关时间，这样就能不断激发我们的思考力和创造力，从而提升思维力。

## 3 训练思维力的目的是优化大脑的思考模式

很多人觉得训练思维力的目的是解决问题，其实不然。就好像我们做数学题时要分析因果关系，写作文时语言要有逻辑一样，拥有思维力是为了让我们能更高效地观察事物、分析情况。经过训练后的思维力，无疑会让我们更加愿意思考，学习能力更强。

## 导图小总结

生活中，同样的一个问题可能有无数的解决方法，思维力决定着大脑使用哪种思考模式，但无疑思维力更强大的人处理问题会更加省时省力。学习中也是一样，利用好思维力可以让我们更高效地获取知识。

小朋友们，如果你们也想通过合理、科学的思维力训练提升自己的思维层次，开发大脑的潜能，不妨按照你们从本篇中学到的内容，填完整导图，进行总结吧！

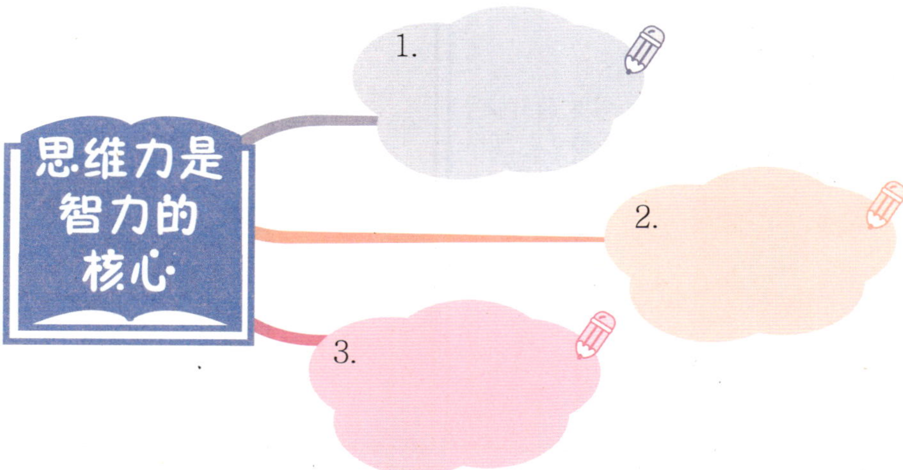


## 自主学习关键词

**思维**

通常来说，思维涉及所有的智力活动，是高级的认知阶段，是对一系列信息的复杂处理过程。它一般包含思维对象和思维主体两个要素：思维对象即思考的目标；思维主体即正在思考的人的大脑。

# 2 清晰的思维导图，到底有什么用

小朋友，你想在学习时能更高效地整理笔记、掌握知识要点吗？你想对自己的假期有一个科学合理的日常管理，从而节省出更多的时间来做自己喜欢的事情吗？你想制定出一份完美的旅游路线吗……这些，思维导图都可以帮助你一一实现。

思维导图中一幅幅图文并茂的结构树，能让我们非常简便、实用地进行思维的整理和激发。这种应用场景非常广泛的思维工具，就像一把金钥匙，可以帮我们轻松打开学习和生活中的各种“锁”。如果掌握了这种工具，将会给我们的思维力和学习力带来质的提升。

## 思维力训练营

### 1 思维导图让思考过程可视化

人的大脑分左右脑，左脑擅长处理文字和数字，右脑擅长处理图像和色彩。思维导图最大的优点就是可以巧妙地让左右脑协同工作，激发出我们更强的思考能力。的确，大脑的思维过程是看不见的，但如果能形象生动地用图片展现出来，人的思路也会变得非常直观、清晰。

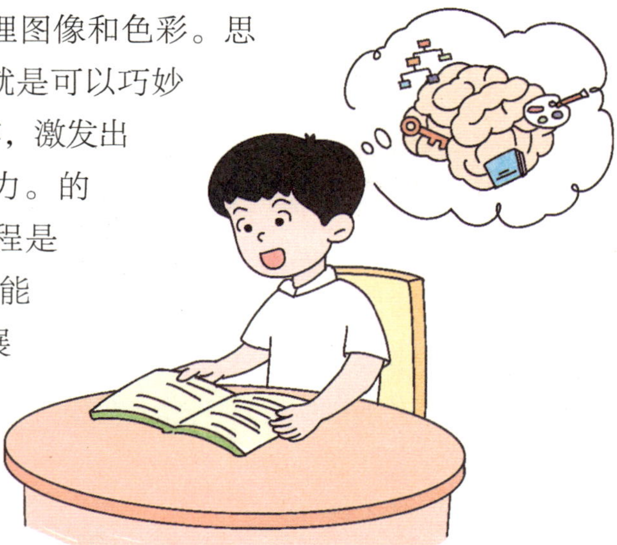

## 2 思维导图让思维更活跃

思维导图往往是以一种放射性的结构进行绘制，当通过一个中心问题向外发散思考的时候，我们探索的范围就会不断加深，在知识和技能上也就有可能获得不可思议的进步。经常使用思维导图分析问题，我们的逻辑推理能力和与人沟通能力也会随之提高。

## 3 制作思维导图是信息输出的过程

学习的完整闭环包括信息输入和输出两方面，其中读书、听课是在输入信息，而写作、沟通则是输出信息。绘制思维导图时，我们要根据思考的主题确定导图的展现形式，并最终呈现在纸面上，这个过程就是一个信息输出的过程。

## 导图小总结

思维导图有各种不同的形式，不同的学科和知识点也可以用不同的思维导图进行整理，但绘制的最终结果都是为了我们能厘清自己的思路。绘制导图需要手脑并用，对于提高我们的学习、记忆和思考的效率都有很大助益。

小朋友们，如果你们也想利用思维导图轻松化解学习、生活中遇到的各种难题，不妨按照你们从本篇中学到的内容，填完整导图，进行总结吧！

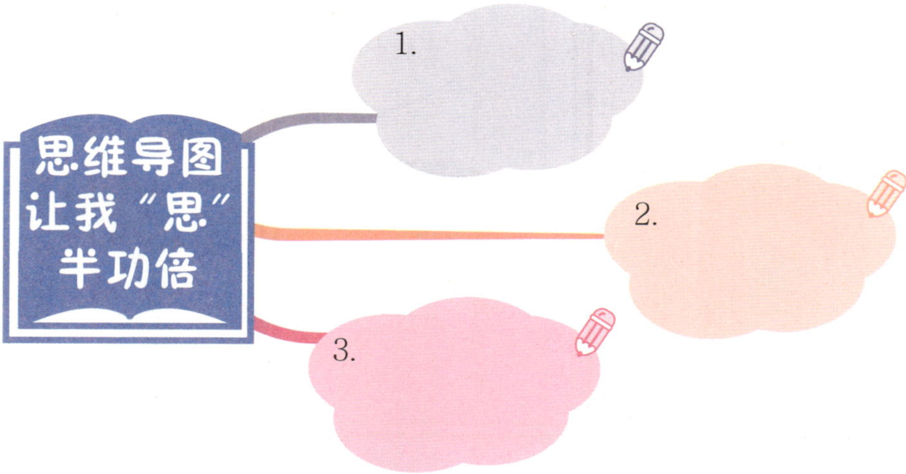


## 自主学习关键词

### 思维导图

英国人东尼·伯赞发明的一种简单高效的思维工具，它通常会用分层的结构把文字、图像、色彩等内容综合起来，表达发散性的思维。

# 3 我不允许自己用惯性思维去学习

固有的习惯是很难被打破的，就像蜜蜂向光一样，即便打开了瓶盖，它们也意识不到可以调整自己的飞行方向。我们很多人在生活中遇到困境、需要解决问题的时候，往往也会在不知不觉中按照自己旧有的经验或习惯去思考、去分析，这就是惯性思维。

用头脑中“熟悉”的方式来解决问题，在某些时候确实比较方便、快捷。可一旦发生新的情况，它有时也会成为我们解决问题的阻碍，甚至会让很多应变能力不足的小朋友的创造性大打折扣。那么，我们该如何破除惯性思维的束缚呢？

## 思维力训练营

### 1 惯性思维很难被自己发现

在自然界中，有些小动物会把自己第一眼看到的生物当成“妈妈”；在人类社会，我们学习了平均等概念之后，会自然产生“把20枝花插在两个瓶子里，每个瓶子插10枝”的想法。这些，都是头脑中固有的思维定式在起作用，而这种惯性思维即便是有错误也很难被自己发现。

## 2 阶段性的反思和调整

惯性思维中“以不变应万变”的惰性，会让我们忽视实际情况，丧失做出正确判断的机会。为了不陷入这种僵化的思维夹角，“一日三省”非常必要：每天问问自己是否有“空杯”心态，是否又走上了老路，是否有什么创新突破。

## 3 逆向思考，打破认知

要想打破惯性思维，摆脱固有的认知很重要。我们可以在平时刻意培养自己换位思考或逆向思考的习惯，即做事情的时候，当我们在用惯常的思路想过之后，要再次从相反或不同的角度重新思考一下。如果两相对比后，结论出现了矛盾，则说明这件事还有待推敲。

## 导图小总结

惯性思维拒绝打破常规，影响我们对新事物的认知。如果拒绝主动思考，一味死守教条、不知变通，小朋友们可能会在学习、生活中闹笑话。当然，如果我们掌握了实用的、具有可操作性的克服办法，也可以摆脱惯性思维的枷锁，迎来思维力创新的大爆发。

小朋友们，不妨按照你们从本篇中学到的内容，填完整导图，进行总结吧！

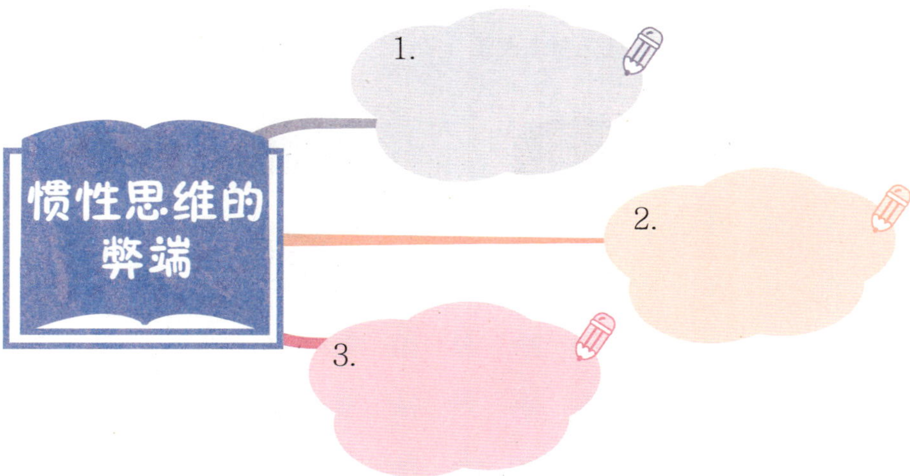


## 自主学习关键词

### 空杯心态

想要获得更多的知识，就要把自己想象成一个空的杯子，可以接收各种新鲜的观点和建议。“空杯心态”并不是一味地否定过去，而是要怀着一种否定或者放空的态度，去融入新的环境，对待新的事物。

# 4 发散思维，我从来不给思维设限

数学中的 π 是一长串没有尽头的数字，仰头看到的天空也是没有尽头的——这就是无限。距今约 2300 年的先贤庄子曾说："吾生也有涯，而知也无涯。"即人的生命是有限的，但知识像海洋一样浩瀚无涯。知识是这样，思维也不例外。

很多情况下，小朋友们觉得自己的思维走进了"死胡同"或"脑子不够用了"，通常是因为我们给大脑设置了过多的条条框框，造成了很大限制导致的。这时候，有意识地训练自己的思维能力，给大脑松绑，让思维活跃起来，就显得至关重要。

## 思维力训练营

### 1 限制性的思维阻碍进步

无限思维是相对于有限思维来说的。利用有限思维在处理一些比较常见的学习问题的时候，可能在短时间内会给我们带来满足感、成就感。但就长远来看，如果我们总是因循守旧地坚持已有的观念或者思想，而不擅长另辟蹊径，就会变得故步自封，不愿改变，不求进取。

## 2 推倒思维里的墙，激发出更大的可能

刚刚接触新事物的时候，小朋友们难免会产生“不擅长”或“我不行”的感觉。这个时候不要急着给自己下定论，我们可以对自己说“我再尝试尝试”“我也可以”“也许有其他的方法”。多给自己一些成长、锻炼的机会，我们才能看到更广阔的星辰大海。

## 3 无限思维并不是天马行空般的胡思乱想

无限思维，是在现实的基础上进行更深远的思考或推想。我们的目的是解决问题，而不是单纯为了思考而思考，更不是胡思乱想，没有限度的精神内耗。

## 导图小总结

如果说有限思维侧重故步自封，那么无限思维就是在开疆拓土。它能帮我们不停地给思维拓展空间，不断挖掘我们的潜力，从而激发出更多的可能。

如果说无限思维是人生的旅途，那么有限思维就是旅途中的一个个驿站，我们可以在驿站短暂停留，但终将奔向诗和远方。小朋友们，不妨按照你们从本篇中学到的内容，填完整导图，进行总结吧！

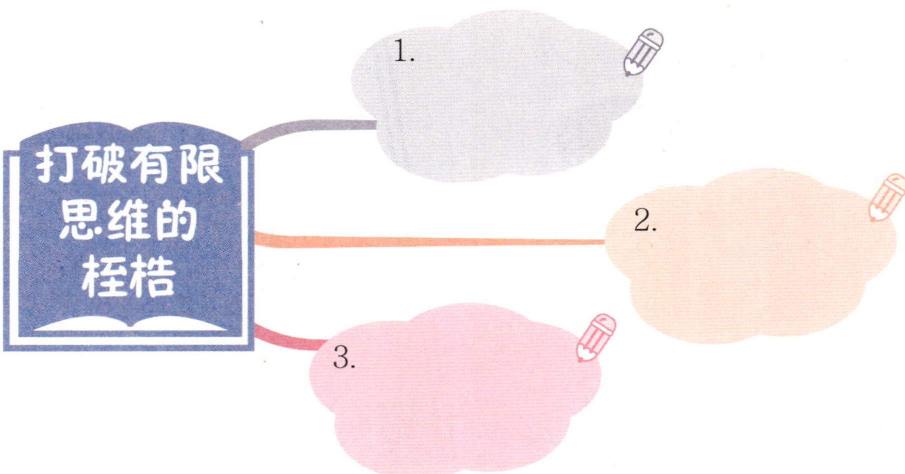


## 自主学习关键词

**无限**

词语解释为没有穷尽，没有限量；在思维方式上则是无限可能的代名词，即思考的范围广且程度深，思维力不受限制。

# 5 积极幻想，想到才能做到

一说到积极幻想，小朋友们可能会哑然失笑：这不就是白日梦吗？事实真的是这样吗？

当然不是。就拿飞机来说，最早就是莱特兄弟的“幻想”，后来，他们把幻想照进了现实。

美国哲学家查尔斯曾说“想入非非是通向科学探索的必需的和首要的步骤”。这里的“想入非非”不正是“积极幻想”吗？也许它看似有些脱离现实，也许它会产生很多错误，但只要它能回到现实，并经受住现实的检验，错误就会被不断发现并得到改正。

## 思维力训练营

### 1 能想到是能做到的前提

我们常说“心想事成”，这既包含对想的肯定，也同时说明了“想”在先，“做”在后的学习过程。为了高层楼房门窗防护得更好，于是有个小学生发明了“连动互换防护窗”。我们也要积极幻想，这样才能产生不断开发新鲜事物的动力。

## 2 父母的鼓励让我的思维加速

作为小学生，要对身边事物充满好奇心。有时候我们脑洞大开，如果父母能够给予充分的认可和鼓励，我们的探索欲会更加强烈，思维也会更加扩散。如果父母对我们的幻想嗤之以鼻或觉得过于幼稚，也不要伤心，哪怕梦想暂时还不能实现，也不要轻易放弃。

## 3 找配合的朋友一起积极幻想

找几个信任的好朋友一起谈天说地，能让我们进入尽情幻想的“游乐场”。我们还可以把各种奇思妙想用图画或文字记录下来，这样不但能更直观地收获随意想象的满足感，也能从中捕捉到更多的可能性和闪光点。

## 导图小总结

纵览历史，我们发现绝大多数的发明创造正是源于人类的“想入非非”。所以，我们要尊重每一位喜欢幻想的人，他们也许就是改变现实的强大推动力。在科学的发展历史上是这样，在我们的个人成长中也是这样。我们的异想天开，没准哪天就能照进现实。

小朋友们，不妨按照你们从本篇中学到的内容，填完整导图，进行总结吧！

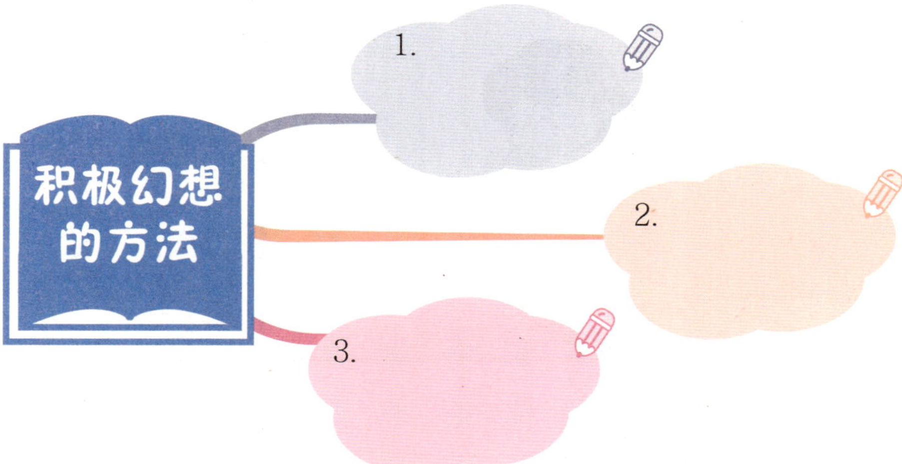


## 自主学习关键词

**幻想**

幻想是更高级的思考，通常来说，含有不守常规等意思。积极幻想是科学探索里的有益尝试，能够推动科学的发展。

# 6 丰富想象力，我才会创新

作文课上，小朋友们有没有注意到一个现象：有的同学作文写得又快又好，有的同学却像挤牙膏一样，写不出几个字。写得好的同学，往往语言流畅，想象力丰富；写得不好的同学，往往缺乏创意。为什么会有这样的不同呢？

其实，主要差别就在于人的想象力是否丰富。中国古典四大名著的开篇，基本包含对神话世界的大胆想象。这种描写既包含创新，又离不开丰富的想象力。想象力是创新的基础，思维上的创新更离不开想象力的参与。那么，怎么培养我们的想象力呢？

## 思维力训练营

### 1 知识和经验影响想象力的深度和广度

还是小学生的我们，生活经验和掌握的知识相对都比较少，想要提升自己，我们可以通过多看、多听、多读来让想象力展翅飞翔。比如读《西游记》、看艺术展、听大人聊天，既可以丰富我们的头脑，又能拓展自己的思维。

## 2 丰富的外部环境可以触发想象

明朝画家董其昌曾说："读万卷书，行万里路。"在读书的基础上，走出去感受丰富多彩的大千世界，细心观察自然里的鸢飞鱼跃，都能为我们产生创造性的想象力带来灵感。

## 3 疑问能激发创造性的想象力

思维要创新，需要我们有一双善于发现差异的眼睛。在学习和生活中，小朋友们可以勇敢地提出问题，大胆地尝试新的思考方法和思考角度，用合理的想象去推动思维的创新，独立地创造出属于自己的作品。

## 导图小总结

一般来说，想象力是以丰富的知识和经验为基础的，无论是科学上的创新、技术上的革命和艺术上的创作，都是通过创造性的想象力获得的。黑格尔曾说：“最杰出的艺术本领就是想象。”那如何让我们的想象力像花儿一样盛开呢？

小朋友们，不妨按照你们从本篇中学到的内容，填完整导图，进行总结吧！

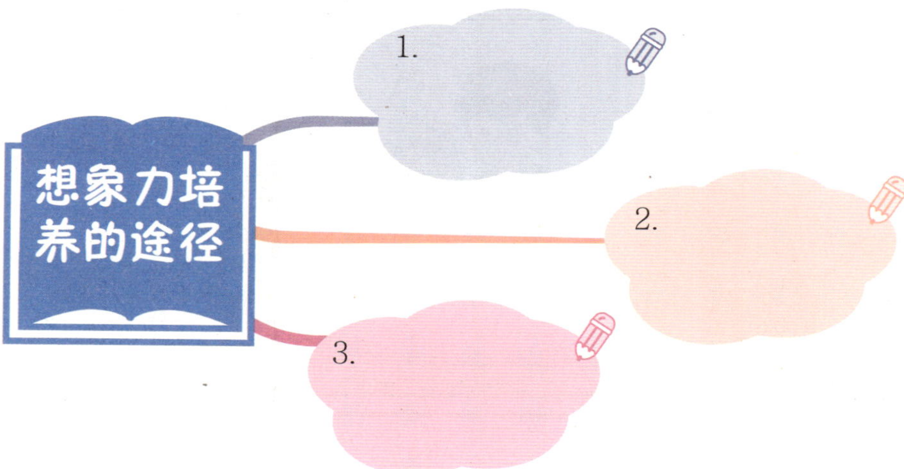


## 自主学习关键词

**想象** 一般指人脑在记忆的基础上形成新形象的心理过程，它不是天马行空般的异想天开，而是创新能力的源泉。

# 7 这道题该怎么分析解答

王戎经过认真观察、仔细思考后，得出“此必苦李”结论的过程中，所运用的就是分析思维。那么，分析思维和分析力到底是什么呢？

分析力是我们日常生活中的一种基础能力，分析思维则是指经过研究、分析，得出结论的思维方式。比如做数学题时，分析题目中的各个条件、阅读材料里的各种信息，根据题目要求得出答案，这个过程就是分析的过程。分析力越强，创造性解决问题的能力就越强。

## 思维力训练营

### 1 分析力的基础是尊重事实和逻辑

我们要按照实际情况或事物的内在规律思考问题，比如猫喜欢吃鱼是事实，警察破案要根据证据得出结论，只有建立在尊重事实的基础上的分析才是准确的、牢靠的。猜测和想象也能帮助我们提升分析能力，但它始终是次要的，起辅助作用的。

## 2 通过刻意练习提升分析力

经常做数学题目可以锻炼我们的逻辑推理分析能力；写作可以训练我们的整体框架分析力，针对热门话题，我们也可以试着从多角度来解读。只要训练得法，我们的分析能力便能不断提升。

## 3 在解决问题中锻炼分析能力

小朋友们还可以在日常生活中主动发现问题，积极解决问题。在解决问题的过程中可以多看有关的书籍，多做实地调查。这样不但积累了知识，还能促进分析力的提升。

## 导图小总结

分析力在日常生活中通常表现为思路清晰流畅，语言表达有条理。小朋友们如果拥有了这种思维能力，往往能在复杂的问题面前得出正确的结论。

小朋友们如果也想塑造良好的分析力，不妨按照你们从本篇中学到的内容，填完整导图，进行总结吧！

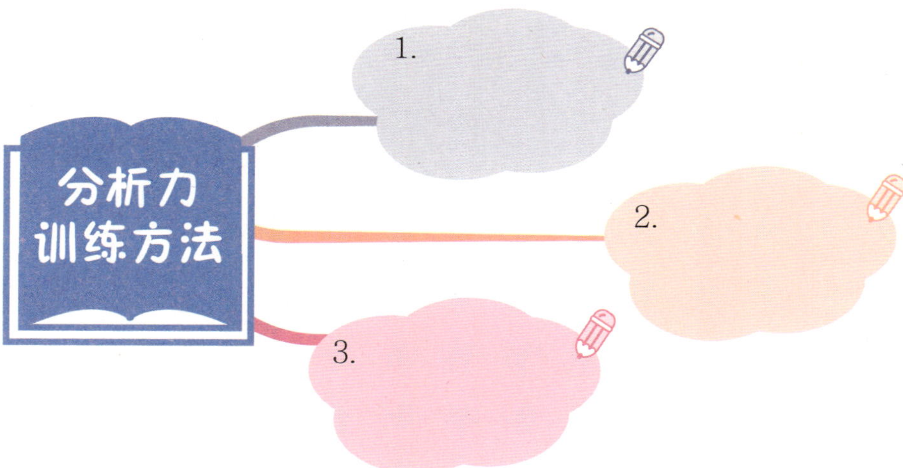


## 自主学习关键词

**分析**

分析是信息加工的过程，把整体分为各个部分，并加以考察，将事物、现象等分门别类，找出其中的内在联系。

第4步

# 训练高效记忆力，掌握事半功倍的背诵技巧

# 1 为什么别人记得住，我却记不住

“我天生记性差。”“我真是太笨了。”很多小朋友在记不住的时候，经常会给自己戴上这样的“帽子”，甚至开始对自己的智商产生怀疑。诚然，人与人之间的记忆力天生便有一些差别，但是通过后天的锻炼和培养，我们的记忆力也不是一成不变的，也是能够不断提升的。

事实上，“记不住”的原因可能只是我们的记忆方法不对，或是在没有信心的时候给自己找的一个借口。那么，怎么才能提升自己的记忆能力呢？

## 记忆有方法

### 1 提升对记忆信息的兴趣

小朋友们有没有这样的体验——对自己关心、感兴趣的事物，我们通常很容易记住，比如有人喜欢车，就能把车名、车标记得一清二楚；有人喜欢篮球，就能把篮球比赛的所有规则记得明明白白。因此，用自己的天赋和兴趣帮助记忆，能最大化地激发出记忆的热情。

## 2 运动让大脑更灵活

过于枯燥地死记硬背，效率并不高。如果我们能对知识多体会、多理解，记忆效果会更好。同时多参加有益身心的社团活动，多训练当众演讲的能力，不但可以增强我们的抗压能力，也能让我们的大脑变得更加活跃，从而提高记忆能力。

## 3 记不住可能是专注度不够

记性好的人不是什么都能记住，记性不好的人也不是什么都记不住。同样是背古诗，如果我们能在背诵时克服干扰，全神贯注地投入，很快就可以记住；但如果我们是边记忆边玩耍，心不在焉，那么出现记不住、记错或记住后很快就忘的情况就不足为奇了。

## 导图小总结

其实，人类的大脑分为左右两个半球。很多科学研究发现，左脑主要负责逻辑分析、判断、排列、分类、推理等；右脑则对形象、情感、音乐、节奏、美术等更敏感。

小朋友们，你们更习惯用左脑还是右脑呢，你们对记忆哪些内容更感兴趣呢？不妨按照你们从本篇中学到的内容，填完整导图，进行总结吧！

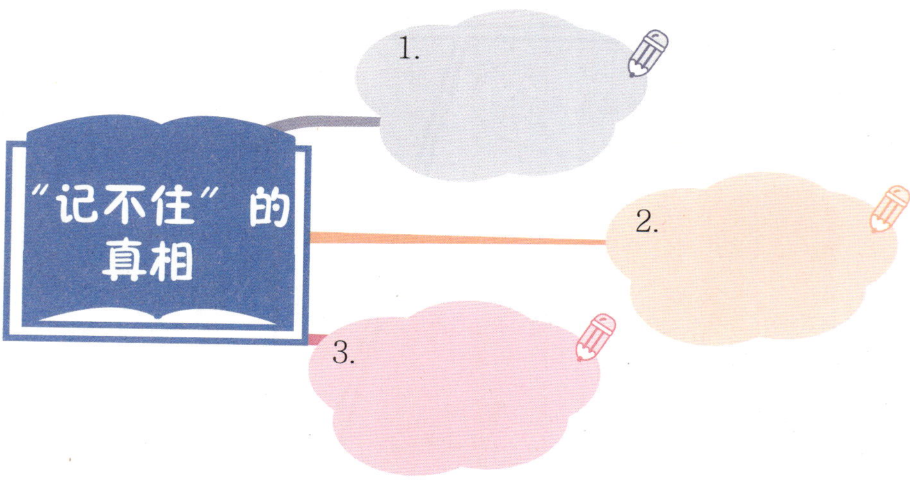


## 自主学习关键词

**智商**

智商是智力商数。智力通常被称作智慧，也叫智能，是人们认识客观事物并运用知识解决实际问题的能力。一时记不住东西，并不代表我们智商低。

# 2 忘了记，记了又忘，我怎么能避免遗忘

小朋友们发现了吧，大脑从产生记忆开始就在不断地遗忘，而且遗忘速度是“先快后慢”的——刚开始，遗忘的内容多且速度快，但随着时间的推移，遗忘速度会逐渐减缓。

这就是艾宾浩斯遗忘曲线告诉我们的记忆规律。在这个遗忘周期内，记住和忘记都是正常的，要想把知识长久地保存在大脑中，就需要过短暂记忆这道关。那么，有什么办法可以提升大脑的活跃度，增强记忆的稳定性呢？

## 记忆有方法

### 1 回忆和对比很重要

很多小朋友在背诵的时候，过多地将注意力放在了“记”的过程上，而忽视了“忆”的过程。但是一遍遍地机械重复背诵可能只是走马观花，相反，在不看书本的情况下，在头脑中回忆、对比和检验知识点的掌握情况，却能让我们更快地发现自己的记忆薄弱点。

## 2 对信息进行定位整理

如果超市中的商品杂乱无章，我们想找到某个物品会非常困难。同样地，如果没有章法的记忆知识，我们的大脑也会一片混乱，考试中需要用到某个知识点时也往往想不起来。所以，把知识做好分类定位，可以让我们记得更牢固，更清楚。

## 3 及时复习的“一四七法则”

学过的知识没有及时重复时，记忆就会随着时间的推移而逐渐减退。利用“一四七法则”，可以让我们在遗忘发生前及时再记忆，即在完成记忆的第1天、第4天、第7天，第1个月、第4个月、第7个月时，及时复习。

## 导图小总结

对于小学生来说，我们每天都会学习很多新知识，接收很多新信息，而掌握艾宾浩斯遗忘曲线能帮助我们发现哪些信息容易遗忘，什么时间开展复习最有效果。那么，我们怎么才能利用这个规律来保持记忆、减少遗忘呢？

小朋友们，不妨按照你们从本篇中学到的内容，填完整导图，进行总结吧！

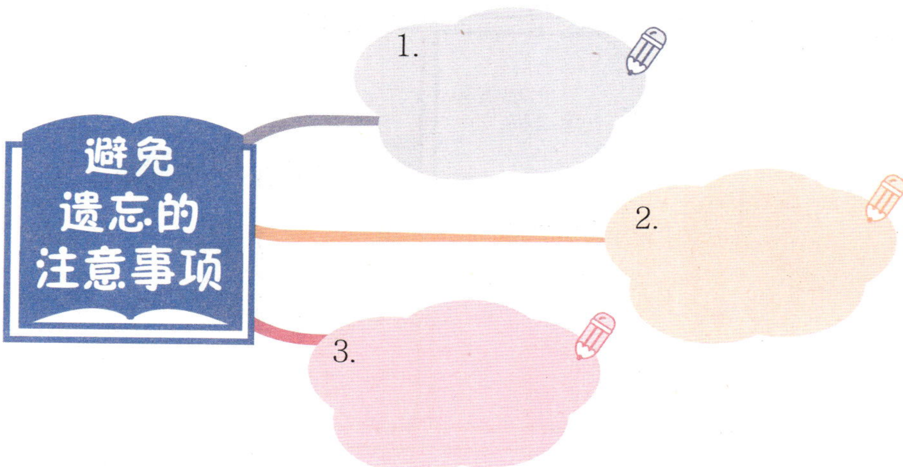


## 自主学习关键词

### 艾宾浩斯遗忘曲线

它是一条描述人脑对知识的遗忘进程的曲线，由德国著名的心理学家艾宾浩斯首次发现。如果我们掌握了这个大脑遗忘规律，就可以有针对性地对自己的记忆行为做出调整。

# 3 为什么学霸背诵起来这么省力

著名的心理学家艾宾浩斯提出，经由某些因素可以避免遗忘。这也就可以解释为什么我们眼中的“学霸”背诵起来那么省力——他们只是比我们更懂得利用大脑优势和科学的背诵方法。

所以，加强对大脑记忆力的锻炼对每个人都是适用的，灵活运用学习方法也对记忆起着不可低估的作用。那么，怎么才能让我们也像学霸那样高效记忆呢？

## 记忆有方法

### 1 情景记忆法

有研究表明，大脑容易记住形象化的信息，而很难记住抽象的信息。我们可以据此创设一个具体的情境来辅助记忆。比如背诵古诗《望天门山》时，我们可以在头脑中想象一幅青山绿水的图画。图文对照，不仅让学习不再枯燥，而且即便过一段时间，背诵的文字内容已经开始模糊，但只要一想到那栩栩如生的画面也能很快勾起我们的记忆。

## 2 抄写记忆法

俗话说："眼过千遍，不如手过一遍。"说的就是我们在学习的时候，抄写对记忆的帮助。比如，背诵古诗的时候，我们可以先把每句的开头字、词抄下来作为提醒，以帮助我们快速记忆。

## 3 对比记忆法

把记忆信息中具有可比性的部分找出来，能让我们记得更容易，更准确。比如对比单词night(晚上)和light(灯)，只用记一个单词的时间，就能记住两个单词，岂不是事半功倍。对信息进行对比时，我们可以从相似性、相反性等各个角度找到记忆的突破口。

## 导图小总结

在生活中，学以致用是检验记忆效果的不二法门。另外，把学会的知识教给别人也是很好的记忆方法。很多学霸在教别人的时候发现，原本以为理解很到位的知识可能会说不清楚，这时候加强巩固记忆会更有针对性，而且在此过程中激发出的各种想法，也会让学霸对学过的知识更加融会贯通。

小朋友们，如果你们也希望拥有和学霸一样的记忆能力，不妨按照从本篇中学到的内容，填完整导图，进行总结吧！

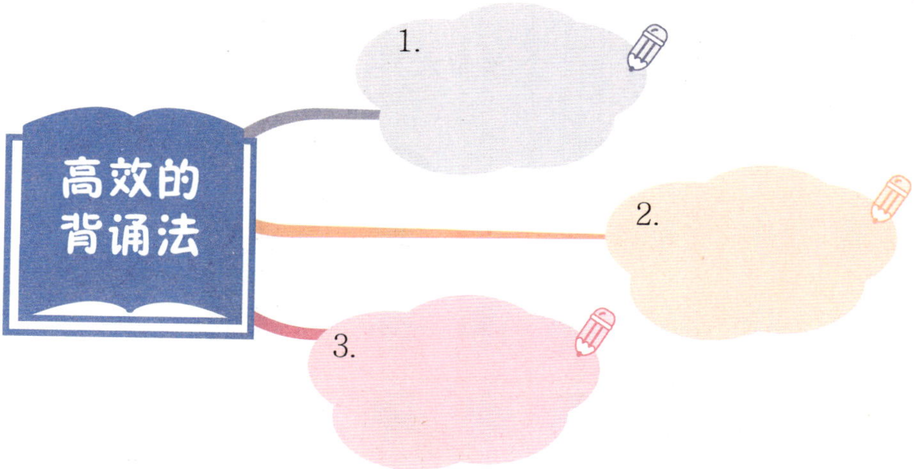


## 自主学习关键词

**对比**

就是把两个事物或一个事物的两个方面进行比较、对照。如果在记忆时使用这种方法，可以让我们印象更深和受到更大的启发。

# 4 复习真的能克服遗忘，提高成绩吗

“学而时习之”，小朋友们听过这句话吗？“学”与“习”其实是两个不同的概念。“学”是学习新知识；“习”是复习旧知识，是对学过的知识进行回忆和熟记。在刚刚接触到新知识时，我们的学习过程难免会出现疏漏。复习，不但能帮助我们巩固旧知识，还能帮助我们发现以前忽略或没有完全弄懂的知识，它比单纯的只学新内容更为丰富、更为重要。

学习不可一曝十寒，要想克服遗忘，需要在遗忘还没有开始的时候就着手复习。当然，很多小朋友都有复习的好习惯，相信有效的复习一定会让我们在考试中收获更好的成绩。

## 记忆有方法

### 1 复习要及时

复习的时间间隔太长，遗忘的信息就会变多，重拾记忆就变得困难，所以复习一定要及时。有观点认为，第一次记忆和第二次复习的时间间隔，最好大于半个小时而小于16个小时。只有加深对知识的理解，我们才会更加自信，才能更有学习的积极性。

## 2 复习时要学会归纳总结

刚刚接收新知识的时候，记忆相对比较表象、浅显、不牢固。但复习的时候，我们可以把零散的信息由点到面地串联起来，在大脑中搭建起系统化的知识框架，这样不但可以加强记忆，而且可以有针对性地补充学习中的薄弱环节。

## 3 复习时要拓展记忆的宽度和深度

我们在反复记忆时会对同样的信息产生更多的思索和理解，真正做到“温故而知新”。同时，在复习中将理论与实际结合起来可以发散记忆思维，从而达到事半功倍的记忆效果。

## 导图小总结

“重复是学习之母”，定期复习是保证记忆效果的必然选择。通过对艾宾浩斯遗忘曲线的了解，我们知道了在完成记忆之后，要在第一时间复习，并且要在不同的时间段进行复习。当然，在复习的过程中，对知识进行梳理，或者变换记忆的方式，都可以重新调动大脑的活力。

小朋友们，不妨按照你们从本篇中学到的内容，填完整导图，进行总结吧！

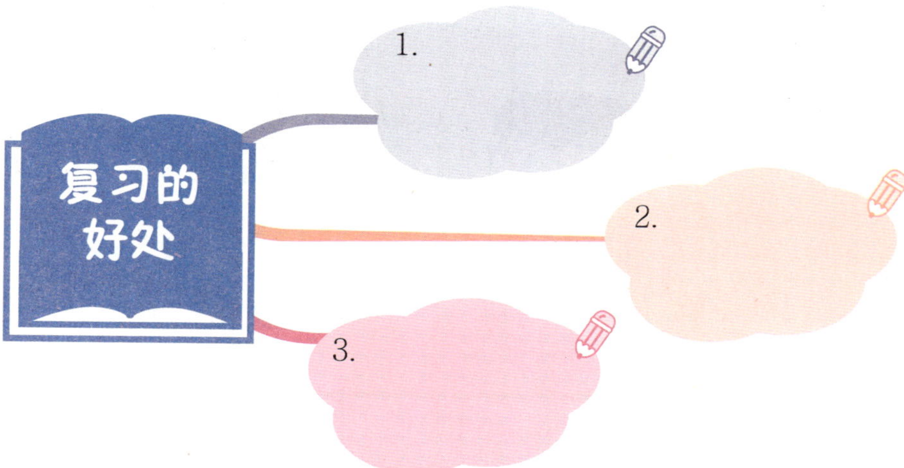


## 自主学习关键词

### 测试效应

通过提供频繁的测试，让自己对信息的掌握度更精准、牢固。在学习上，最典型的测试方法就是考试。通常认为，学习后三次测试最有效果：第一次，检验学习成果并发现错误；第二次，拆解错误并巩固记忆；第三次，加深印象，达到最佳记忆效果。

# 5 限时记忆，让大脑紧张起来

记忆的战线拉得太长，大脑就会产生懈怠。而限定记忆时间，则会让人将注意力完全集中在一件事情上，大脑会更活跃。比如，设定 5 分钟内要记住 10 个优美词句，我们很多人都能做到短时间的全神贯注，而且记忆效果也不错。

在实际学习中利用限时记忆，可以让我们的记忆过程耗时短且高效；间隔多次的限时记忆还能使我们回顾的信息逐渐转变成长期记忆。

## 记忆有方法

### 1 明确记忆目标

我们无论记忆什么内容，前提都是要明确记忆目标，即要在多长时间内记住多少内容。记忆目标越明确，记忆的关注点越集中，记忆速度和记忆效率就会越高。当我们完成记忆目标之后，还可以接着尝试缩短限定时间。

## 2 整体原则是要有紧迫感

比如正常背诵一篇课文要1个小时，但有些父母怕孩子背不过就开始“放水”——2个小时内背完就可以。但时间太“富裕”的结果，可能只会让小朋友变得态度散漫，甚至贪玩偷懒。因此，“跳一跳，够得到”的限时记忆才有意义。

## 3 根据实际情况来限定记忆时间长短

限时记忆的前提是遵从现实。比如，我们本身在5分钟内只能记住1首七言绝句，却非要给自己限时10分钟背10首，这显然是不合乎实际情况的，自然记忆效果也会很差。限时，不是限定的时间越短越好，而是要与记忆内容的难易度和数量相匹配。

## 导图小总结

有小朋友会说：“我在限定时间记忆的时候会很紧张，感觉记不住呀！”的确，限时记忆给人的第一感觉是有一定的强迫性，但恰恰是这种特性让我们的大脑变得兴奋，使记忆的积极性被充分调动起来。这也是考试之前我们的记忆力往往会变得更好的原因。

不过，想完成限时记忆，也需要具备几个条件。小朋友们，不妨按照你们从本篇中学到的内容，填完整导图，进行总结吧！

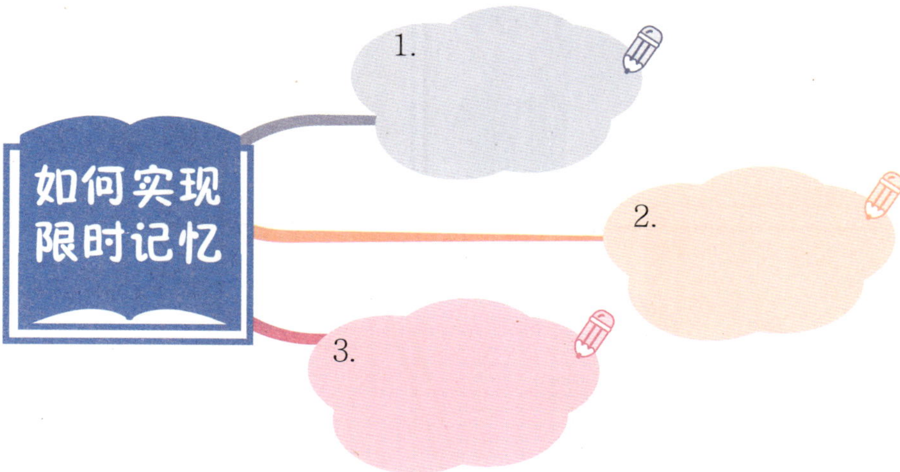


## 自主学习关键词

### 限时记忆

顾名思义，就是在一定时间内，完成一定量的记忆任务。它的最大优点是可以让人集中精力，迸发潜能，鞭策自己加快记忆。

# 6 老师让我边写、边念、边记忆

据说莫扎特在 14 岁时，有一次听完意大利作曲家阿莱格里的一首曲子，回到家中后便能将曲子几乎完整地默写下来。他是怎样做到的呢?

原来，他平日就喜欢在没有干扰的环境下听音乐，边听边默写曲子，接着清唱，最后做到听唱合一。而这种神奇的记忆方法就是“多通道”协同记忆法。

在学校，老师也经常会要求我们在记忆知识的时候，要边写、边念、边记忆，其实也是希望我们能够通过视觉、听觉、触觉等多种感官作为接收通道，以帮助我们增强记忆效果。

## 记忆有方法

### 1 多念的好处不止一点

很多人想到念书，会单纯认为只是在动用我们的听觉通道，但实际远不止这些。念书的时候，我们首先要集中注意力看要记忆的内容，然后才能用抑扬顿挫的声音朗读出来。与此同时，我们还可以通过耳朵听到自己发出的声音。这一连串的行为，已经在我们的身体内留下了多条记忆痕迹。

## 2 边看边写

“好记性不如烂笔头”，这是一种朴素的多通道记忆法，即在用眼看、用脑记的基础上，加入手的参与。在学习中，当我们遇到比较难记的信息，就可以先用视觉观察，再用笔写下或画下来，课后反复诵读、思考就能很快把知识点记忆清楚。

## 3 充分调动可参与记忆的感官系统

想记住信息，首先要接收信息，而眼、耳、口、鼻、手等各种感官都可以成为我们记忆的接收通道，帮助我们提升记忆效果。利用多种感官进行记忆可以让信息更立体，也可以让同一个信息在大脑中建立起多种痕迹，以后即便其中一个痕迹淡了，也能让记忆重现。

## 导图小总结

据说一个健全的人通过器官吸收知识的比率是视觉占83%、听觉占11%、嗅觉占3.5%、触觉占1.5%、味觉占1%。在“多通道”记忆中，不同的感官系统各自发挥着不可忽视的作用。

小朋友们，不妨按照你们从本篇中学到的内容，填完整导图，进行总结吧！

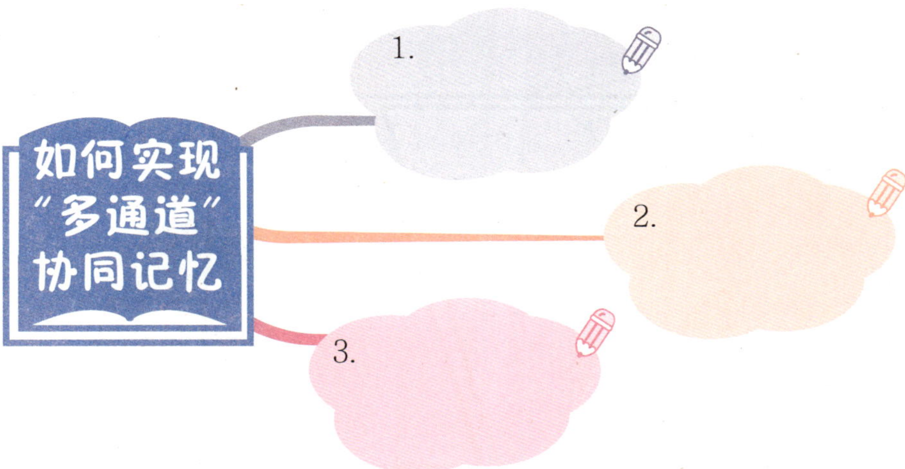


## 自主学习关键词

### 协同记忆法

协同记忆法就是将听、说、读、写等多种感受结合，同时用于记忆某些繁杂且重要的内容。我国宋代学者朱熹在《训学斋规》中提出“读书有三到”，就是一种典型的协同记忆法。

# 7 进行自我检测，看看知识记牢了没

毋庸置疑，每个人都想提升自己的记忆能力。但想要提升记忆力，了解自己当前实际的记忆水平是必不可少的一步。

用来测试记忆力的方法有很多，我们可以从中选择一些比较简单且易于操作的方法来自测。通过自我测试，我们就能对自己的记忆力有更全面的了解，想提高记忆力也就知道从哪儿做起了。

## 记忆有方法

### 1 数字回想自测法

这是一种使用频率很高的保持量记忆自测法。做法是先让爸爸妈妈在纸上写下任意10个两位数，我们需要在40秒内读完后重新复述出来。如果小朋友们能在顺序不错的情况下准确回想起7～9个数字，说明我们的记忆力良好；如果能记住4～6个，则记忆能力属于中等水平。

## 2 交谈争论自测法

我们可以针对同一个知识点与其他人交流。在交流的过程中，有意识地将自己的观点与他人提出的观点进行对比，发现他人的长处，检查自己的欠缺。有时候，通过争论的方式，也能让我们发现正确的观点、及时矫正错误的观点。

## 3 自问自答自测法

我们可以先把自己想象成老师，思考“我想让学生掌握哪些知识点”，进而从多个角度提出问题。然后，我们再回到学生身份，设想自己该怎么回答老师的问题。这种自问自答的方式，能有效训练我们的应变能力，变相增强我们的记忆能力。

## 导图小总结

自测之后，我们就能根据测试结果客观地评估自己的记忆能力了。即便结果不好，我们也不要觉得难为情或失望沮丧，这只是说明我们的记忆力有待增强。通过长期的、有意识的训练，我们的记忆力是可以后天培养、逐渐提高的。

小朋友们，想知道自己记忆力的真实水平吗？不妨按照你们从本篇中学到的内容，填完整导图，进行总结吧！

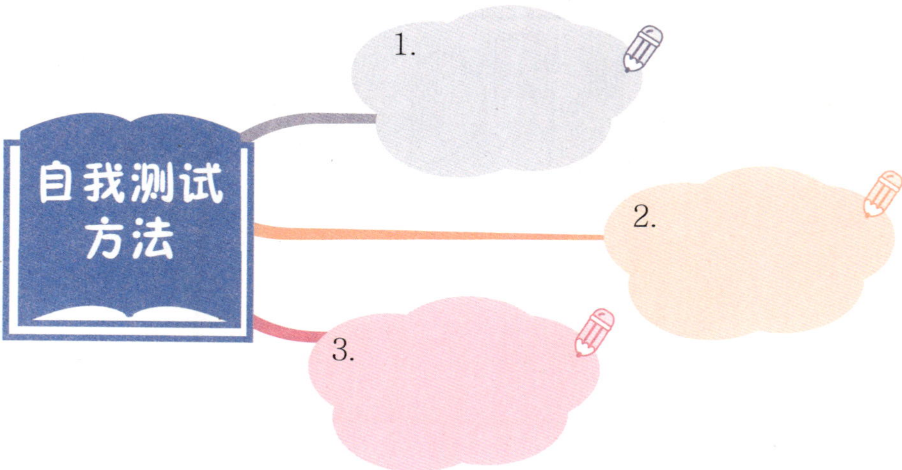


## 自主学习关键词

### 记忆保持量

即记忆完成之后，我们能回忆出来的正确的信息数量。保持量越高，说明我们的记忆力越好。常用的测量保持量的方法有再认法、回忆法、重构法等。

# 8 哪些时间段有助于大脑记忆

现实中有不少小朋友，年纪小小却已经会背不少古诗词。我们是不是也经常从大人口中听到“小孩子的记性就是好”这样的说法？事实也的确如此。小孩子对于机械记忆更擅长，而成人的理解记忆更好。心理学家认为记忆能力的高峰是在8～25岁，这个时间段是记忆力的黄金时段。而后，随着年龄的增加，记忆力会呈现下降趋势。

我们了解了人一生中的黄金记忆年龄，那么，一天中的黄金记忆时间是哪些时段，你知道吗？

## 记忆有方法

### 1　早晨6～7点

经过了一整夜的休息，我们的精力在早晨是非常充沛的，而且刚刚睡醒，大脑还没有受到各种繁杂的事务干扰，这段时间用来记忆无疑效果会很好。我们可以把那些必须背诵的任务放在这一段时间，比如语文课文、英语单词。

## 2 上午8～10点

上午9点左右，我们会迎来一天中第二段最佳记忆时间。这时候，人的身体状态已经完全被激活，大脑的积极性高涨，此时遇到难题会激发出我们很大的创造性，因此可以把学习中最难的部分放在这个时间段完成。

## 3 晚上8～9点

临睡前的这段时间，用来复习最好不过，比如整理笔记、回顾全天的学习内容、看看哪些知识需要再完善、哪些知识还存在漏洞。而且这段时间没有新知识的输入，记忆起来受到的干扰会更小，因而效果也更好。

## 导图小总结

没有好的身体，其他都是空谈。正常的三餐饮食、必要的休息和睡眠、适当的运动等，都是提高记忆效果的必不可少的前提。只有做到劳逸结合，我们才能以饱满的精神和热情投入学习和记忆中。

小朋友们，不妨按照你们从本篇中学到的内容，填完整导图，进行总结吧！

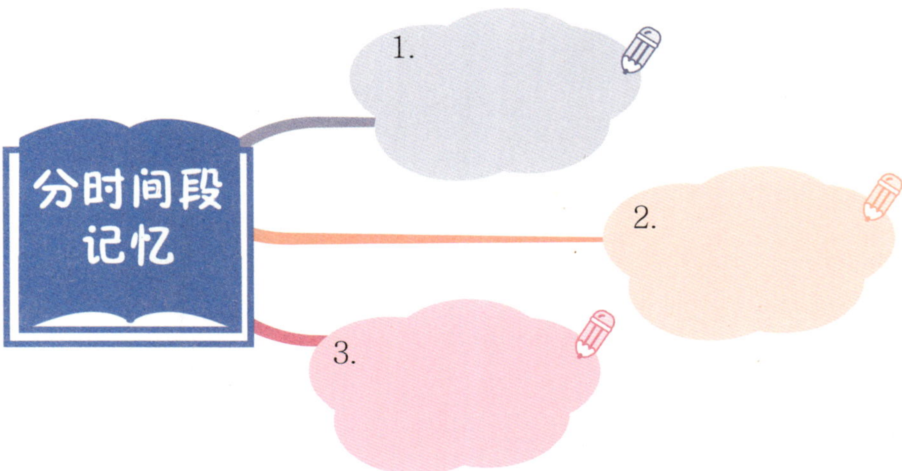


## 自主学习关键词

**时段**　又称时间间隔，指的是客观物质运动的两个不同状态之间所经历的时间历程。对于我们来讲，一天中记忆的黄金时段就是上文提到的三个时间段。